어린이 궁궐 탐험대
재밌게 걷자! 창덕궁·창경궁

재밌게 걷자!
창덕궁·창경궁

이시우 글 서평화 그림

주니어 RHK

차례

어린이 궁궐 탐험대 대원들에게	6
창덕궁 탐험 지도	10
돈화문 조선의 두 번째 궁궐, 그 근사한 예고편	12
금천교 600년 세월을 버틴 궁궐의 돌다리	20
인정전 창덕궁의 핵심 건물	26
선정전 임금이 일하고 공부하던 곳	34
희정당 임금의 일상이 녹아든 공간	40
대조전 궁궐의 안주인 왕비를 위한 공간	46
성정각 봄소식을 가장 먼저 맞이한 세자의 공간	52
낙선재 궁궐 깊숙한 곳에 세운 임금의 서재	58
주제 탐험 코스 1 <동궐도>를 찾아서	64
부용지 궁궐 속 비밀의 정원	66
애련지 연꽃을 사모하는 마음을 담은 연못	74
관람지 연못과 숲, 정자의 절묘한 조화	80
옥류천 깊은 숲에 흐르는 옛사람들의 풍류	86
연경당 세자의 효심이 깃든 곳	90
주제 탐험 코스 2 창덕궁 궐내각사를 찾아서	94

창경궁 탐험 지도 96

홍화문 동쪽을 향해 있는 창경궁의 정문 98

옥천교 맑은 물이 흐르는 돌다리 104

명정전 400년 세월을 지킨 창경궁의 정전 110

문정전 슬픔과 비극이 스며 있는 공간 114

선인문 사도 세자의 죽음을 지켜본 문 120

함인정 창경궁의 사계절을 즐기는 정자 124

경춘전·환경전 두 명의 세자와 인연 깊은 집 128

양화당 청나라에 항복한 인조가 돌아온 곳 136

통명전 왕실 어르신을 향한 마음을 담은 집 140

춘당지·대온실 물길 옆으로 걷는 창경궁의 산책로 146

주제 탐험 코스 3 창덕궁·창경궁의 나무를 찾아서 152

탐험! 창덕궁 역사 154

탐험! 창경궁 역사 156

참고 문헌 158

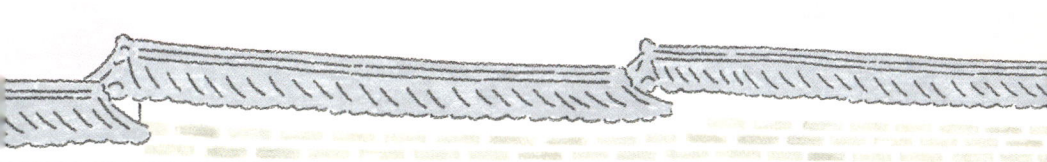

어린이 궁궐 탐험대 대원들에게

　새로운 궁궐로 탐험을 떠나기 위해 모인 '어린이 궁궐 탐험대' 대원 여러분 반가워요. 이제 함께 살펴볼 궁궐은 바로 창덕궁과 창경궁이에요.

　창덕궁은 태종의 명령으로 짓기 시작해 1405년 완공한, 조선의 두 번째 궁궐입니다. 나라를 세운 지 13년이 지난 때였는데요. 이 기간에 조선에는 왕자의 난이 두 차례나 벌어졌고, 세 번째 임금이 즉위했어요. 수도는 개성에서 한양, 다시 개성, 또다시 한양으로 옮겨졌고요. 이때 한양에는 이미 경복궁이 있었지만, 태종은 창덕궁을 짓고 싶어 했어요. 혹시라도 경복궁에 생길지 모를 만약의 상황에 대비하기 위해 새로운 궁궐이 필요하다는 이유를 들었는데요. 실은 왕자의 난이 벌어졌던 경복궁으로 들어가기 싫은 마음도 있었을 겁니다.

　창경궁은 1484년 성종 때 지었어요. 이때 왕실에는 대비(이전 왕의 왕비)만 세 명이 있었는데, 이들이 편히 지낼 궁궐을 따로 마련하기 위해서였어요.

창덕궁과 창경궁은 바로 붙어 있습니다. 경복궁을 기준으로 동쪽에 있다고 해서, 두 궁궐을 하나로 묶어 '동궐'이라고 불렀어요. 조선 시대에는 창덕궁 후원을 함께 쓰기도 했고, 임금은 창덕궁과 창경궁에 번갈아 머물기도 했죠.

조선을 세운 지 꼭 200년 만인 1592년 임진왜란이 터졌습니다. 이때 경복궁을 비롯해 창덕궁과 창경궁이 크게 훼손되었어요. 임진왜란이 끝난 후 창덕궁과 창경궁은 복원됐지만, 경복궁은 270년이 넘게 폐허로 남아 있었는데요. 이 기간 동안 조선의 법궁, 즉 으뜸 궁궐 역할은 주로 창덕궁이 맡았답니다.

창덕궁과 창경궁을 지을 당시 이곳 지형은 평평하지도 너르지도 않았어요. 높지 않은 산에 둘러싸여 있었고 울창한 숲과 계곡이 자리했죠. 산은 궁궐의 면적을 넓히는 데 방해가 되었고, 물이 모여 이룬 연못 주변은 건물이 들어서기에 적당하지 않았어요. 어찌 보면 한 나라의 궁궐을 짓기에는 알맞지 않은 터였지만, 조선 왕실은 이런 땅의 특성을 절묘하게 이용해 건물을 앉혔답니다.

급한 마음으로 짧은 시간에 모든 건물을 짓고 마는 식이 아니었는데요. 바둑 기사가 백 수 이상 앞을 내다보고 바둑판 위에 돌 하나를 놓듯, 궁궐을 짓고 꾸민 당사자들은 여러 경우의 수를 깊게 고려해 건물과 마당, 문의 위치와 방향을 결정했어요. 이 과정에서 산과 숲, 물길과 연못을 함부로 대하지 않고 조심하고 또 조심했습니다. 이렇게 정성을 쏟은 덕분인지 조선 역사상 가장 많은 임금이 가장 오랫동안 창덕궁에서 머물렀습니다. 창경궁 또한 창덕궁에 딸린 궁궐로서 제 몫을 톡톡히 했고요.

창덕궁과 창경궁은 등을 맞댄 듯 붙어 있어 다양한 동선과 방향으로 탐험하기 좋은 궁궐입니다. 어느 쪽에서 출발하든 문 하나만 통과하면 바로 옆 궁궐로 공간 이동 하듯 넘어 다닐 수도 있고요.

창덕궁에서는 조선 왕실 정원의 최고 아름다움이라 평가받는 후원을 둘러볼 수도 있답니다. 그뿐인가요. 창덕궁과 창경궁을 걷다 보면 수백 년 동안 자리를 지키고 서 있는 나무들도 눈앞에서

만날 수 있어요. 적당히 숨이 찰 정도로 오르락내리락하는 길이 펼쳐지다가도 잔잔한 수면 위 풍경에 온통 마음을 빼앗긴 채 고요히 시간을 보낼 만한 큰 연못도 볼 수 있죠.

  탐험이란 예상치 못했던 길과 방향에서 새로운 무언가를 만나는 시간입니다. 창덕궁과 창경궁 탐험이야말로 수많은 건물과 문, 숲길과 연못을 지나치며 기대하지 않았던 궁궐의 진짜 모습을 발견하는 과정이 될 거라 확신합니다. 이곳에서도 어느 쪽으로 향할지는 모두 여러분의 마음에 달렸습니다. 저는 그 길에 친절한 탐험대장이자 친구로 함께 걷겠습니다. 창덕궁과 창경궁에 온 여러분을 다시 한번 환영합니다.

어린이 궁궐 탐험대 대장 이시우

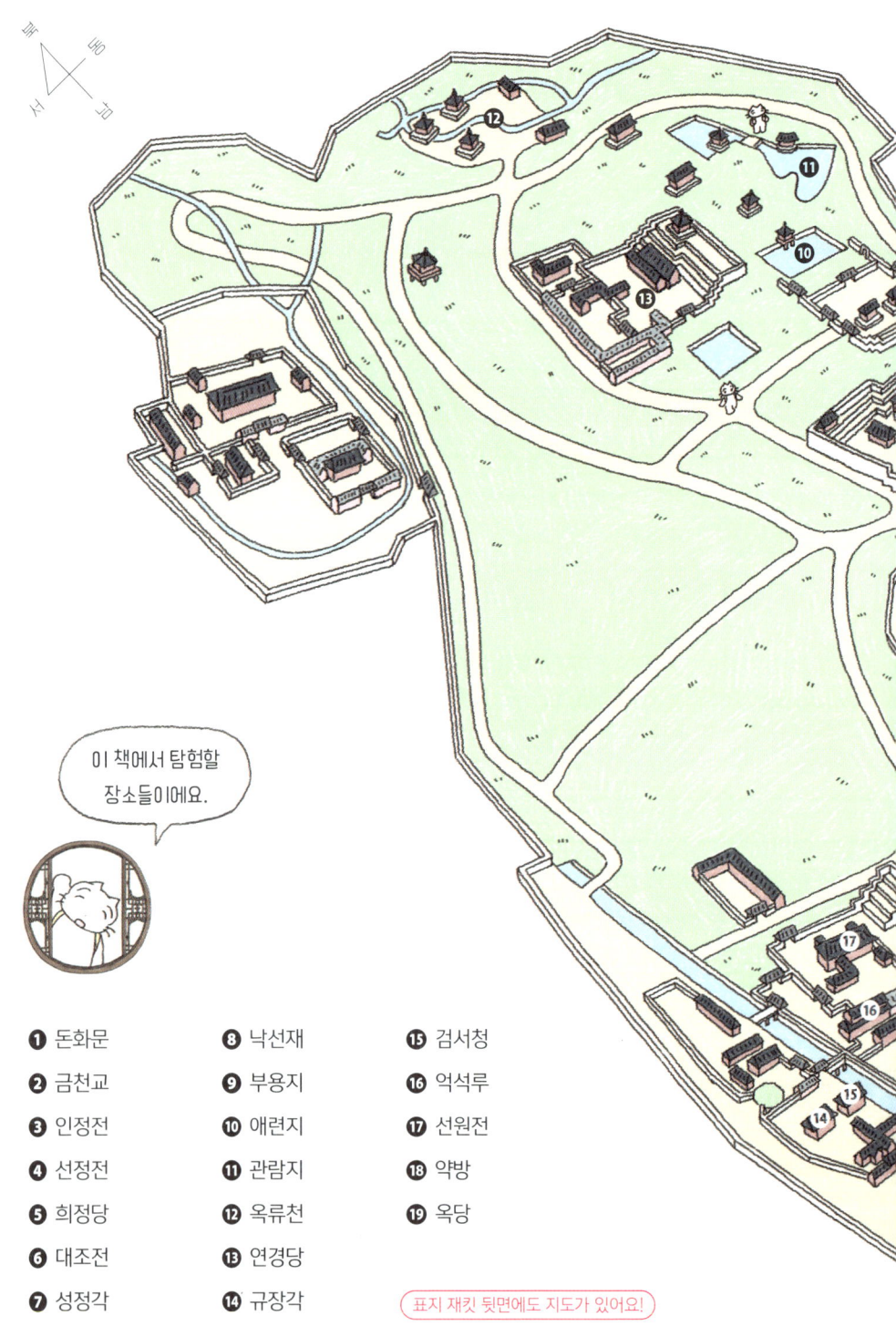

창덕궁 탐험 지도

이번에 탐험할 궁궐은 조선의 두 번째 궁궐 '창덕궁'이에요. 정문인 돈화문에서 출발해 금천교를 지나 임금과 신하가 모여 일하고 학문을 연구하던 사무 공간과 왕실 가족이 살던 생활 공간, 그리고 후원까지 탐험하며 창덕궁이 들려주는 이야기에 귀 기울여 보세요!

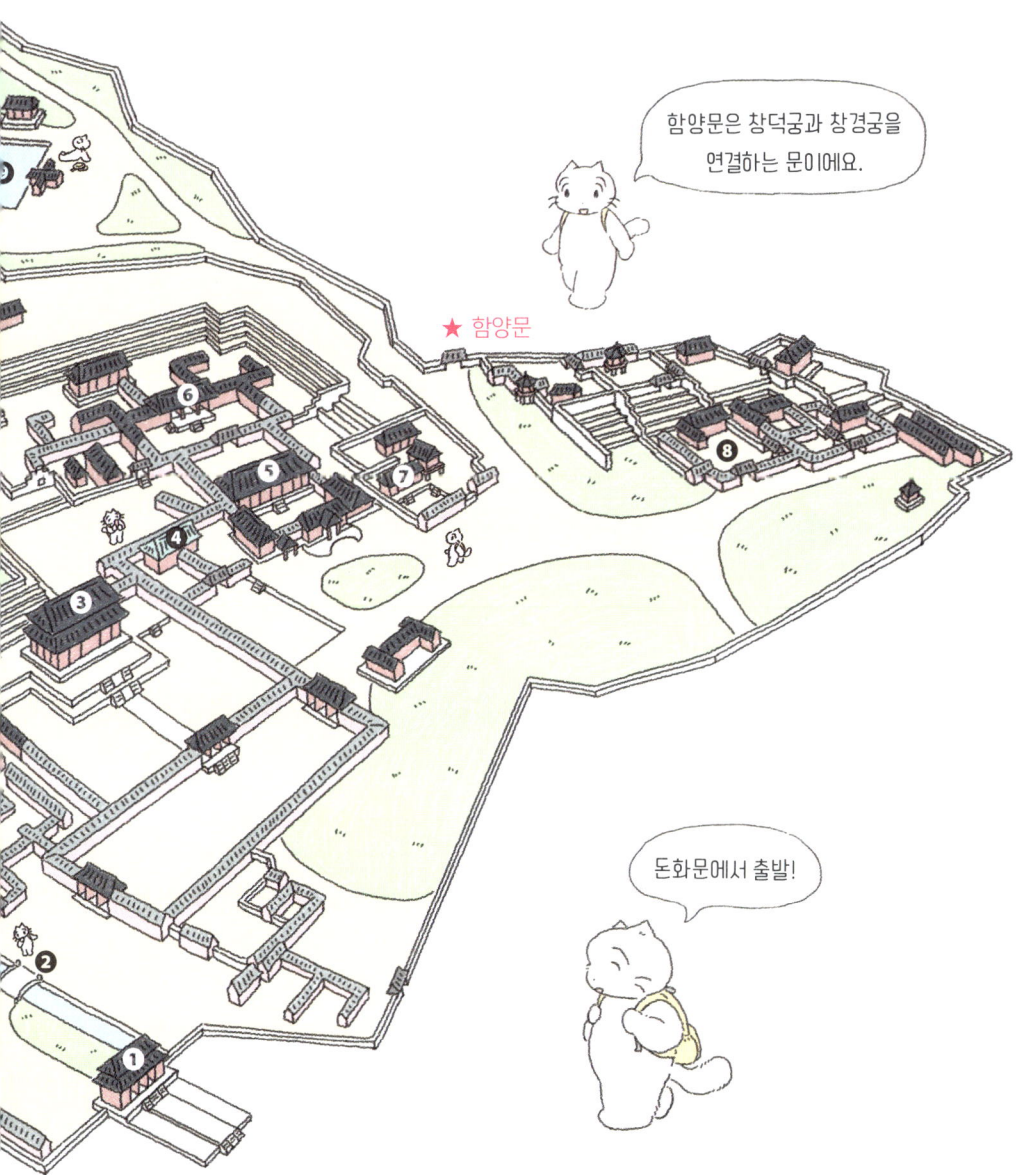

돈화문

조선의 두 번째 궁궐, 그 근사한 예고편

풍경과 함께 보는 창덕궁의 정문

창덕궁의 정문인 돈화문 앞으로 '돈화문로'라는 이름의 직선 도로가 뻗어 있어요. 조선 시대에 창덕궁에 살던 임금이 궁궐 밖으로 외출하거나 다시 궁궐로 돌아올 때 지나던 길이에요. 우리는 이곳 돈화문로에서 창덕궁 탐험을 시작할 거예요. 조선 시대 임금이 지나던 길을 걷고 임금이 보던 풍경도 똑같이 보고 느낄 수 있다니 신기하지 않나요?

그런데 왜 돈화문으로 바로 들어가지 않고 조금 떨어진 곳에서 탐험을 시작할까요?

첫 번째 이유는 주변 풍경을 한눈에 담기 위해서입니다. 길에서 보면 돈화문이 커다란 화면 속 장면처럼 보이고요. 양옆으로 어깨처럼 이어진 담장이며 그 위로 솟은 나무도 눈에 잘 들어오죠. 물론 조선 시대와 지금의 풍경이 완전히 같다고 할 수는 없을 거예요. 그때는 도로 위를 달리는 자동차와 주변의 높은 건물들이 없었으니까요. 앞서 말한 '조선 시대 임금이 보던 풍경'은 바로 돈화문과 그 뒤로 멀리 서 있는 산을 의미합니다. 이 두 대상을 한꺼번에 보기에 가장 적당한 장소가 돈화문에서 조금 떨어진 돈화문로랍니다.

두 번째 이유는 풍경의 변화를 확인할 수 있어서예요. 돈화문 뒤로 우뚝 선 산봉우리는 '보현봉'이라고 하는데요. 신기하게도 돈화문으로 다가갈수록 보현봉이 조금씩 낮아집니다. 그러다 횡단보도를 건너기 전 창덕궁 삼거리쯤 도착하면 문 뒤로 완전히 숨어 버리고요. 물론 착시로 인한 현상이지만, 돈화문에서 떨어진 곳에서부터 창덕궁 쪽으로 다가가야 이런 풍경 변화도 눈에 담을 수 있는 거예요.

어떤 대상은 때로는 가까운 곳보다는 먼 데서 봤을 때 오히려 잘 보이기도 하는데요. 돈화문이 딱 이런 경우라 할 수 있어요. 궁 밖을 나섰다가 창덕궁으로 돌아오던 임금은 돈화문과 그 뒤로 천천히 모습을 감추는 산봉우리를 보며 어떤 생각을 했을까요?

돈화문에서 발견하는 창덕궁만의 특징

창덕궁은 경복궁 다음으로 지은, 조선의 두 번째 궁궐이에요. 그래서인지 두 궁궐이 곧잘 비교되고는 하죠.

경복궁과 창덕궁의 가장 큰 차이점은 바로 정문의 위치예요. 먼저 경복궁 광화문을 떠올려 볼까요? 광화문은 경복궁의 정남쪽 한가운데에 자리하고 있습니다. 그리고 광화문 뒤로 '흥례문, 근정문, 근정전, 사정전, 강녕전' 등 주요한 건물들이 일렬로 줄을 선 형태로 배치되어 있죠. 하지만 창덕궁은 그렇지 않아요. 돈화문을 지나서는 오른쪽으로 금천교를 건너게 됩니다. 그 뒤 진선문을 통과해 이동하다가 왼쪽을 보면 인정문이 있고, 이 문들을 통과해야 비로소 창덕궁의 정전인 인정전에 닿는 구조로 이루어져 있어요.

창덕궁의 주요 건물들은 돈화문을 기준으로 동쪽으로 펼쳐져요. 그러니까 돈화문은 창덕궁 전체를 놓고 볼 때 서남쪽에 세워 둔 거죠. 그렇다면 왜 돈화문은 광화문처럼 궁궐 정면 중앙에 두지 않고 이렇게 한쪽으로 치우친 자리에 둔 걸까요?

눈치를 챈 친구가 있을지 모르겠네요. 돈화문으로 걸어오는 길 오른쪽에 종묘가 있어요. 종묘는 왕과 왕비의 신주(죽은 사람의 이름이 적힌 나무패)를 보관하는 장소죠. 조선과 같은 왕조 국가에서 종묘는 정신적으로 가장 중요하고 신성한 곳으로 여겨졌기 때문에 이곳을 함부로 옮긴다는 건 상상할 수 없는 일이었어요. 창덕궁을 처음 지을 당시 이미 종묘가 언덕 너머로 자리하고 있었는데요. 돈화문을 경복궁 광화문처럼 창덕궁 정남쪽 한가운데에 두려고 했다면 종묘 공간 바로 앞에 닿게 될 테니 돈화문이 지금 위치에 세워질 수밖에 없었던 거죠.

처음부터 돈화문을 가까이에서 봤다면, 그리고 바로 문을 통과해 궁궐 안으로 들어갔다면 창덕궁의 정문과 건물들을 왜 지금의 위치에 배치해 두었는지 알아채기 어려웠을 거예요.

돈화문이 지나온 시간

돈화문은 창덕궁을 건축하고 7년 후에 지어졌습니다. 문 이름에는 '백성들을 돈독하게 교화한다'는 의미를 담았고요. 조선 시대에는 2층 누각에 종과 북을 걸어 두고 매일 밤과 새벽에 종을 울리고 북을 쳐 통행 금지와 해제를 알렸다고 하는데, 지금은 종과 북을 찾아볼 수 없어요.

돈화문 앞 광장처럼 보이는 곳은 '월대'라고 해요. 월대는 이름을 풀이하면 '달을 보는 곳'이라는 뜻의 '월견대'에서 유래한 말이지만, 실제 용도는 중요한 건물이나 문 앞에 두어 나라에 공식 행사가 열릴 때 무대로 사용하던 야외극장 같은 공간입니다. 신하가 나와 백성들에게 중요한 소식을 알리기도 했고요.

지금은 번듯한 모양이지만, 사실 돈화문 월대는 아픈 현대사의 흔적이 남은 장소예요. 1907년 일본은 경운궁(지금의 덕수궁)에서 고종을 강제로 황제 자리에서 내쫓고 아들 순종을 그 자리에 앉혔어요. 그리고 둘을 떨어뜨려 놓기 위해 순종 황제의 거처를 창덕궁으로 옮겨 버렸는데요. 이때 순종 황제가 타던 어차가 드나드는 길을 낸다는 이유로 돈화문 월대와 계단을 없애고 이곳을 모두 흙으로 덮어 버리고 말았답니다.

해방 후에도 오랜 시간 돈화문 월대는 흙바닥 아래 묻혀 있어야 했어요. 1995년에 와서야 복원을 시작했지만, 이미

도로의 지면이 높아진 상태라 월대 남쪽 끝과 도로 사이에는 높이 차에 따른 옹벽이 생겨났습니다. 조선 시대에는 임금이 백성들을 만나거나 선대 임금의 능으로 가기 위해 궁궐 밖을 나설 때 돈화문을 통과해 막힘없이 앞으로 쭉 나아갈 수 있었는데 말이에요. 이런 상황은 2020년이 되어서야 해결되었어요. 월대 주변을 새로 발굴하고 앞 도로와 연결해 지금처럼 복원하게 된 거죠.

탐험미션

창덕궁 돈화문과 경복궁 광화문은 어떤 점이 비슷하고 어떤 점이 다를까요? 함께 이야기 나누어 봐요.

금천교

600년 세월을 버틴 궁궐의 돌다리

궁궐의 뒤로는 산이, 앞으로는 물이

예로부터 우리 조상들은 집의 위치를 정할 때 중요한 원칙을 따랐어요. 바로 '배산임수'입니다. 풀이하면 '뒤로는 산이 있고 앞으로는 물이 흐르는 지형'을 말해요. 상상만 해도 주변 경치가 좋고 사람이 살기에 안정적인 장소라 느껴지죠? 궁궐에 가면 뒤쪽에 산이나 언덕이 보이고 입구 주변에 물이 흐르는 이유를 이제 알 것 같습니다.

창덕궁의 위치도 배산임수 원칙을 따라 결정되었는데요. 이때 궁궐 앞쪽으로 흐르는 물은 자연스럽게 궁궐 안과 바깥 세계를 구분하는 경계선 역할을 해요. 외부의 침입이나 나쁜 기운을 막아 주는 시설이 되는 거죠.

비단 같은 하천을 건너는 발걸음

이렇게 궁궐 입구 주변에 흐르는 하천을 통틀어 '금천', 그 위를 가로지르는 다리를 '금천교'라 불렀어요. 금천이 "멈춰! 어딜 함부로 들어오려고 해?"라는 경고라면 금천교는 "너는 안전한 사람 같으니 통과!"라고 말하는 역할을 합니다. 외부인이 궁궐로 접근하는 것을 완전히 막으려고만 했다면 이런 다리조차 만들지 않았겠죠. 금천교의 이름을 봐도 이런 사실을 알 수 있어요. 금천교의 이름은 궁궐마다 다른데요. 특이하게도 창덕궁 금천교의 이름은 똑같이 '금천교'예요. 하지만 뜻은 서로 달라요. 이름에 쓰인 '금'은 '금지'가 아닌 '비단'이라는 뜻이거든요.

금천에도 '금지'의 의미만 있는 건 아니에요. 사계절 물을 흘려보냄으로써 궁궐에 촉촉한 기운을 전하기도 하고 궁궐 밖으로 물을 내보내는 역할도 했답니다. 이렇게 설명은 했지만, 창덕궁 금천은 평소에는 말라 있어요. 여름 장마 때나 빗물이 고여 있는 모습을 볼 수 있죠. 시원하게 물이 흐르는 모습을 볼 수 없어 아쉬워요.

금천교에 설치한 궁궐 보안 장치

금천교에는 돌을 조각해 만든 동물 조각상을 여러 개 설치해 두었어요. 금천교와 더불어 궁궐 바깥의 나쁜 기운을 미리 막으려는 이중, 삼중 장치라고 할까요.

전통 건축에서 문이나 다리를 무지개 모양처럼 반쯤 둥글게 만든 부분을 '홍예'라고 하는데요. 창덕궁 금천교에는 두 개의 홍예 물길을 터놓았어요.

홍예 사이를 한번 볼까요? 남쪽과 북쪽에 각각 전설 속 동물이 한 마리씩 앉아 있네요. 남쪽에 앉아 있는 녀석은 '백택'입니다. 몸은 비늘로 덮여 있고, 이마에는 두 갈래로 갈라진 뿔 두 개가 나 있죠. 북쪽 물길은 사신 중 하나인 '현무'가 지키고 있고요. 백택과 현무 바로 위 역삼각형에는

'귀면', 그러니까 귀신 얼굴을 조각해 넣었어요. 백택과 현무, 귀면이 물길을 담당한다면 다리 난간 앞뒤로 올려놓은 조각상들은 땅 위를 경계하는 임무를 맡았다고 보면 돼요.

무섭기보다는 귀여운 금천교의 경비병들

그런데 금천교의 석상들은 요모조모 아무리 뜯어봐도 엄한 모습과는 거리가 좀 있습니다. 귀면 조각만 해도 언뜻 보면 눈을 부릅뜬 표정이지만 다시 자세히 보면 해맑게 웃

고 있는 것 같고요. 백택과 현무, 난간 위 서수(좋은 기운을 불러온다고 알려진, 전설 속 상서로운 동물) 조각상들도 모두 둥글둥글한 모습이에요.

특히 난간 위 서수 네 마리의 꼬리를 보세요. 금천교를 통과하는 이들을 반기듯 좌우로 힘차게 흔들고 있는 것 같아요. '이래서 어디 궁궐 입구를 지킬 수 있겠어?'라는 생각에 살짝 웃음까지 난다니까요.

금천교는 창덕궁을 세우고 6년이 지난 1411년 만들어졌습니다. 이후 전쟁과 화재, 일제 강점기 등 어려운 시련을 겪었지만 잘 버텨 처음 모습을 그대로 지키고 있어요. 창덕궁 금천교는 600년이 넘게 제 모습을 간직한 우리의 소중한 보물입니다.

탐험미션

금천교 위아래에 있는 여러 동물 조각상을 살펴본 뒤 가장 마음에 드는 동물 하나를 골라 별명을 지어 보세요.

인정전

창덕궁의 핵심 건물

임금의 권위를 상징하는 공간

　인정전은 창덕궁에서 가장 크고 멋진 건물이에요. 궁궐에서 가장 핵심이 되는 건물인 '정전'이기 때문에 화려하게 지었죠. 정전은 궁궐마다 하나씩 있는데요. 경복궁 근정전, 창덕궁 인정전, 창경궁 명정전, 덕수궁 중화전, 경희궁 숭정전이 모두 같은 역할을 해요.

　정전 앞마당에서는 임금과 신하들이 모이는 국가 공식 행사를 벌였어요. 나라에 크게 축하할 일이 있으면 이곳에서 잔치를 열었고요. 외국 사신을 맞이하는 환영식이나 왕실의 여러 중요한 예식, 과거 시험을 치른 장소도 인정전 마당이었죠.

　이제 인정전 앞으로 가 볼까요? 중요한 건물답게 인정전의 월대는 상월대와 하월대, 두 단으로 쌓았어요. 경복궁 근정전과 같은 월대 난간이 없어도 인정전이 멋져 보이는 이유는 건물 뒤 언덕 때문일 거예요. 사람이 만든 인정전과 자연이 만든 언덕이 조화를 이뤄 근사한 풍경을 만들어 내거든요. 월대 위에 올라가 인정문 쪽으로 시선을 돌리면 조금 전 보았던 인정전 뒤쪽 언덕과 마주 보며 마치 쌍을 이루는 것 같은 언덕이 또 있어요. 뒤쪽 언덕에서 인정전으로, 그리고 마당을 거쳐 인정문을 지나 저 너머 언덕까지 이어지는 구조를 머릿속에 그려 보세요. 그 옛날 상월대 위에 서서 신하들에게 명령을 내리던 임금에게 더욱 높은 권위를 주었을 것 같지 않나요?

앞마당 바닥에 숨어 있는 비밀

인정전 앞마당을 둘러봅시다. 널찍한 마당에 품계석이 일렬로 세워져 있는데요. 품계석은 임금이 참석하는 큰 행사 때 신하들이 서야 하는 위치를 표시한 비석 모양 돌이에요. 정조 때 처음 세웠죠.

원래 바닥에는 네모반듯한 화강석 대신 불규칙한 모양의 박석(얇고 넓게 자른 돌)이 덮여 있었는데요. 대한 제국의 국권을 빼앗은 일제는 박석을 걷어 낸 뒤 잔디와 나무를 심었어요. 궁궐 마당에는 대개 나무를 심지 않는 우리 전통 조경 원칙을 완전히 무시한 행동이었죠. 품계석도 이때 함께 사라졌고요. 1990년대에 이곳을 복원하면서 지금처럼 다시 품계석을 세우고 박석 대신 화강석을 깔았습니다.

　마당 곳곳에 쇠로 만든 동그란 고리가 박혀 있죠? 어떤 친구는 지하로 연결된 비밀 통로를 여는 문고리 같다고 말하기도 하던데요. 인정전 마당에서 행사가 열릴 때 햇빛이 너무 쨍쨍하거나 비가 오면 기둥을 세우고 천막을 쳤는데, 그때 천막 끈을 매달아 고정하던 차일 고리랍니다. 실제로 조선 시대에 인정전에서 열린 다양한 행사를 기록한 그림을 보면 이곳에 커다란 천막을 쳐 놓은 모습을 볼 수 있죠.

오얏꽃 문양에 담긴 의미

　한옥 지붕 한가운데 수평으로 된 가장 높은 부분을 '용마루'라고 해요. 인정전 용마루를 자세히 보면 꽃문양 다섯 개가 새겨져 있어요. 인정문에도 똑같은 문양이 세 개 있고요. 이 꽃은 바로 '오얏꽃'입니다.

　오얏은 '자두'의 옛말이에요. 그러니까 오얏꽃은 자두나무의 꽃인 거죠. 그런데 1830년 무렵 창덕궁과 창경궁을 그

린 그림인 〈동궐도〉에도, 1900년 무렵 인정전을 촬영한 오래된 사진에도 이 꽃문양이 보이지 않아요.

　오얏꽃 문양은 대한 제국 시기에 황실을 상징하는 문장(국가나 단체, 집안 등을 나타내기 위해 사용하는 상징적인 그림이나 문자)으로 쓰였습니다. 황제가 탔던 어차나 황실에서 사용한 그릇, 군인의 계급장이나 훈장, 나라에서 발행한 여권이나 우표 등에 인정전 용마루에 들어간 모양과 비슷한 오얏꽃 문양이 보이죠. 창경궁과 덕수궁의 건물 장식에서도 오얏꽃 문양을 볼 수 있는데요. 대한 제국 선포 후 고종 황제와 순종 황제가 머물렀던 궁궐이기 때문이에요.

　이 문양을 궁궐에 언제부터 새겼는지를 알려 주는 확실한 자료는 없어요. 단지 일제 강점기 무렵으로 추정할 뿐입니다. 황실의 결정일 수도 있고 일제가 남긴 식민지의 흔적일 수도 있다고 해석하기도 해요.

근대까지 이어지는 이야기가 담긴 공간

　인정전은 밖에서 보면 2층짜리 건물이지만, 안으로 들어가 보면 위아래가 확 트여 있어요. 오늘날의 아파트로 치면 무려 11층 높이라고 해요. 높은 천장을 올려다보세요. 구름 사이를 날고 있는 봉황 한 쌍을 조각해 설치해 두었어요. 그 아래로는 임금의 자리인 어좌가 놓여 있고 어좌 뒤로는 해와 달, 다섯 개의 산봉우리, 폭포, 소나무, 파도가 그려진 〈일월오봉도〉를 볼 수 있죠.

순종 황제가 창덕궁으로 거처를 옮기며 인정전을 고쳤는데요. 이때 천장에 현대식 전등을 달고 창호지 문 대신 유리 창문과 커튼을 설치했어요. 바닥에 깔려 있던 돌은 나무 마루로 바꾸었고요.

가끔 인정전 내부를 개방하는 행사를 열기도 합니다. 이때 꼭 신청해서 창덕궁 정전의 실내를 탐험해 보세요.

탐험미션

인정전 용마루의 오얏꽃 문양을 창덕궁의 다른 건물에서도 찾아보세요.

선 정 전

임금이 일하고 공부하던 곳

조선 궁궐에 하나뿐인 푸른 지붕

선정전의 아름다움을 한눈에 보고 싶다면 선정문에서 대각선 방향으로 조금 떨어져 서야 해요. 돈화문과 그 뒤에 등지고 선 보현봉 풍경을 보기 위해 일부러 멀리서부터 걸었던 것처럼요. 그래야 지붕 색깔을 확실히 볼 수 있거든요. 다섯 궁궐 전체를 통틀어 선정전 지붕에만 유일하게 청기와가 덮여 있답니다.

선정전 지붕 색깔은 어떤 날씨에 봐도 참 예쁩니다. 햇빛 쨍한 맑은 날이든 빗물이 주르륵 내리는 비 오는 날이든 묘한 느낌으로 반짝거려요. 선정전 지붕을 올려다보고 있으면 어째서 이 건물에만 청색 기와를 올렸는지 무척 궁금해질 거예요.

다른 건물에서 가져온 청기와

선정전이 처음 세워진 건 창덕궁이 들어서던 1405년이었어요. 그런데 1623년 인조반정(서인 세력이 반란을 일으켜 광해군과 집권 세력인 북인을 몰아내고 인조를 즉위시킨 사건)이 벌어지면서 큰불이 나 선정전을 포함한 창덕궁 대부분의 건물이 타 버렸죠.

　지금은 서울에 다섯 개의 궁궐이 남아 있지만, 사실 조선 시대에는 인왕산 아래쪽에 광해군이 지은 '인경궁'이라는 궁궐이 하나 더 있었어요. 광해군을 몰아내고 임금이 된 인조는 인경궁을 철거한 뒤 1647년 선정전을 다시 지으면서 인경궁에 있던 광정전이라는 건물의 자재를 가져다가 썼는데요. 광정전 지붕의 기와가 바로 청기와였던 거예요.

임금이 나랏일을 돌보던 사무실

 그렇다면 이제는 선정전이 어떤 곳인지 알아볼게요. 선정전은 창덕궁의 '편전'이었어요. 편전은 임금이 신하들과 함께 일을 하거나, 나라를 이끄는 데 필요한 기본 교양을 쌓기 위해 책을 읽고 토론하던 곳인데요. 임금은 바로 옆 희정당이나 대조전에서 잠을 자다 아침에 이곳 선정전으로 출근해 일을 시작했어요. 아침마다 선정전으로 향하던 임금의 눈에도 저 푸르게 빛나는 지붕 색깔이 보였겠죠.

중요한 행사가 열리던 날에는 인정전으로 향했지만, 가장 오래 머물며 국정 업무를 보던 장소는 선정전이었답니다. 잠을 자던 희정당과 대조전, 행사 공간인 인정전, 신하들이 모여 일을 하던 궐내각사 등을 선정전을 중심으로 가까이에 배치해 둔 이유도 임금이 효율적으로 일할 수 있도록 한 거예요.

이렇게 궁궐의 건물들도 임금을 가장 먼저 생각해 배치한 걸 보니 왕조 국가의 임금은 모든 일을 마음대로 할 수 있어 좋았을 것 같지만, 그렇지 못한 경우가 오히려 더 많았어요. 때때로 어떤 결정을 내릴 때는 반대하는 신하들을 설득해야 했고, 새벽부터 빈틈없이 이어지는 일정대로 하루를 보내야 했거든요.

빈전과 혼전으로 쓰였던 선정전

선정전에는 중요한 역할이 또 있었는데요. 이곳은 왕이나 왕비가 죽은 후 시신을 모셔 두는 '빈전'으로도 자주 쓰였어요. 빈전에 모신 시신을 능(왕이나 왕비의 무덤)에 묻은 뒤에는 신주를 들고 궁궐로 다시 돌아오는데, 이때 선정전이 신주를 보관하는 '혼전'의 역할을 하기도 했죠. 이렇게 선정전이 빈전이나 혼전으로 쓰이게 되면 임금의 사무실 기능은 희정당으로 옮겨 갔답니다.

 이제 선정문을 통해 안으로 들어가 볼까요? 선정문에서 선정전까지는 기둥을 세우고 지붕을 올린 복도각으로 연결돼 있습니다. 선정전이 빈전이나 혼전으로 사용될 때 이곳 복도각에 각종 제례 도구를 갖다 놓고 제사 의식을 준비했어요. 평소 임금의 편전으로 쓰일 때에는 나랏일을 보고하기 위해 모인 신하들이 순서를 기다리는 장소였고요.

탐험미션

선정전의 푸른색 지붕은 보는 각도에 따라 다른 매력을 뽐내요. 다른 위치에 서서 지붕을 바라보세요. 어디에서 보는 모습이 가장 마음에 드나요?

희정당

임금의 일상이 녹아든 공간

때로는 침전, 때로는 편전

선정전에서 나와 바로 옆에 있는 계단을 오르면 희정당이 보여요. 여기부터는 왕실 가족이 모여 사는 생활 공간이 시작됩니다. 희정당의 원래 기능은 임금이 잠을 자던 '침전'이었어요.

하지만 침전의 역할만 한 것은 아니에요. 때로 임금은 이곳에서 일을 하기도 했는데요. 앞서 선정전을 탐험할 때 이야기했던 것 기억하나요? 선정전이 빈전이나 혼전으로 사용되면 희정당이 선정전 대신 편전의 역할을 했다고요. 황제의 자리에 오른 순종은 경운궁에서 창덕궁으로 거처를 옮긴 뒤 희정당에서 신하들을 만나고는 했답니다.

희정당에 남은 경복궁 강녕전의 흔적

궁궐 건물들은 나무로 지었기 때문에 한번 화재가 나면 크게 피해를 입었어요. 1917년에는 대조전에서 난 큰불이 앞쪽의 희정당까지 옮겨붙는 바람에 희정당이 크게 훼손되고 말았죠. 시간이 조금 지나 1920년 희정당을 다시 지었는데요. 희정당을 새로 건축하는 과정에서 지금으로선 이해하기 어려운 결정을 합니다. 희정당을 짓는 데 필요한 자재를 당시 경복궁 강녕전을 해체해서 가지고 온 거예요. 이미 국권이 일제에 넘어가 식민지가 된 상황이라고는 해도 엄연히 순종 황제가 살아 있을 때였는데 말이에요. 게다가 경복궁이 어떤 궁궐인가요. 임진왜란 이후 오랫동안 폐허로 남아 있다가 대대적으로 새롭게 지은, 조선 시대 첫 궁궐 아닌가요. 그런데 그런 경복궁의 핵심 건물이 헐려 이렇게 쓰인 거예요.

희정당에는 강녕전의 흔적이 지금도 남아 있답니다. 희정당의 지붕은 옆면이 '여덟 팔(八)' 자 모양인 '팔작지붕'이에요. 팔작지붕의 양옆에는 'ㅅ' 모양의 공간이 생기는데, 이 부분을 '합각'이라고 해요. 우리 조상들은 여기에 문양이나 글씨 등을 새겨 넣기도 했어요. 희정당 지붕 동쪽과 서쪽의 합각을 보면 가운데 부분에 글자가 한 개씩 보입니다. '강(康)' 자와 '녕(寧)' 자죠. 건물은 희정당인데 강녕전 이름표가 붙은 경우라고 할까요.

순종 황제가 어차를 타던 자리

　우리가 처음 마주하는 건물의 정면은 정확히는 희정당의 신관입니다. 돈화문을 탐험할 때 월대가 사라졌던 이유가 순종 황제가 타던 어차가 지나다니는 길을 내기 위해서라고 설명했는데요. 지금 보는 건물 가운데에 앞으로 튀어나와 있는, 지붕을 얹은 공간이 바로 순종 황제가 어차를 타고 내리던 자리예요.

　신관 입구를 등지고 서면 카페와 기념품 가게가 보여요. 이 자리에는 원래 높은 신하들이 모여 회의를 하던 '빈청'이 있었어요. 이곳에 순종 황제 때 빈청을 없애고 어차를 보관하는 어차고를 설치했죠. 순종 황제가 궁궐 밖으로 외출할 때면 어차고에 세워 두었던 어차가 희정당 앞으로 이동해 황제를 태웠던 겁니다. 황제는 비가 오거나 눈이 오는 날에도 전혀 불편하지 않게 어차를 타고 창덕궁 밖으로 외출할 수 있었을 거예요.

　양옆으로 동행각과 서행각으로 연결되는 복도는 희정당 접견실을 거쳐 대조전까지 이어져요. 희정당 신관과 접견실이 있는 본관 사이에는 널찍한 마당이 있고요.

인정전과 비교하면 건물의 규모는 작지만, 궁궐 한옥에서는 보기 드문 신관 입구의 모양과 기둥에 새긴 황금색 오얏꽃 문양, 서양식으로 개조된 실내(평소에는 들어가 볼 수 없어요.) 등 세심히 살펴볼 곳이 많은 건물입니다.

탐험미션

희정당 지붕에 남아 있는 경복궁 강녕전의 흔적을 함께 찾아봅시다. 합각에 있는 '강(康)'과 '녕(寧)' 글자가 보이나요?

대조전

궁궐의 안주인 왕비를 위한 공간

궁궐의 한가운데 자리한 왕비의 집

궁궐에서 왕비가 머물던 건물을 '중전' 또는 '중궁전'이라고 해요. 궁궐 안 가장 가운데 깊숙한 곳에 두기 때문에 '가운데 중(中)' 자를 써서 이렇게 부르는 거예요. 대조전이 바로 창덕궁의 중궁전이랍니다. 여기 대조전까지 오는 과정을 머릿속으로 다시 떠올려 보면 왜 중궁전이라고 하는지 금세 알 수 있어요. 돈화문으로 들어와 금천교를 건너고 인정전과 선정전, 희정당을 지나고 나서도 옆으로 난 길을 따라 들어와야 비로소 대조전에 도착합니다. 잠깐이라도 방향을 헷갈린다면 순간에 길을 헤맬 만큼 깊숙한 안쪽으로 들어온 거예요.

대조전의 입구는 '선평문'입니다. 계단을 올라야 대조전이 모습을 드러내는데요. 왠지 다른 공간보다 아늑하고 안정적인 느낌이 들어요. 앞서 희정당을 탐험할 때 1917년 대조전에서 큰불이 났다고 했죠? 이후 경복궁 강녕전의 자재로 희정당을 새로 지은 것처럼, 대조전은 경복궁 교태전을 옮겨 와 다시 지었어요.

임금이 신하들을 지휘하듯 왕비는 궁궐에 있는 여성들을 이끌었는데요. 이때 왕비가 이끌던 조직을 '내명부'라고 했어요. 내명부에 속한 궁궐 여성들이 대조전 정면에 쌓은 월대와 주변 마당에 모여 왕비에게 예를 올리는 의식을 치르기도 했죠.

대조전에서 볼 수 있는 근대식 구조

대조전은 가운데 대청마루를 중심으로 양옆에 온돌방이 있는 구조예요. 대한 제국의 마지막 황후였던 순정효 황후(순종 황제의 황후)가 해방 후에도 대조전에 머물렀는데요. 그래서 가구와 장식, 벽화, 문살 등 황후가 살아 있을 때 사용하던 물건이 지금까지도 잘 남아 있답니다.

대조전에는 부속 건물이 여러 채 딸려 있어요. 서쪽 온돌방 옆에 붙어 있는 '융경헌'에는 황후를 위한 서양식 욕실과 화장실 등을 설치했고요. 동쪽 온돌방 옆으로 연결된 '흥복헌'에는 황제의 이발소가 있었어요. 황제가 신하와 황족 들을 접견하는 장소이기도 했던 흥복헌은 대한 제국의 시간이 멈춘 곳입니다. 1910년 8월, 이곳에서 마지막 어전 회의가 열리고 며칠 후 일제에 완전히 국권을 빼앗기고 말았거든요.

대조전에서 서쪽으로 나 있는 작은 문을 통과하면 황제 부부의 식사를 준비하던 수라간이 나와요. 오늘날의 부엌과 비슷하게 벽에는 타일을 붙이고 바닥은 시멘트로 덮은 모습이에요. 음식을 장만하던 조리대에는 수도 시설도 마련돼 있었고요. 이렇게 희정당과 더불어 대조전에는 서양 근대 흔적이 많이 남아 있죠. 지금은 안으로 들어가 볼 수는 없고 유리창을 통해서만 볼 수 있어요.

왕비의 뒤뜰 정원, 화계

건물 뒤로는 대조전의 화계(꽃을 심은 계단 모양의 화단)가 펼쳐집니다. 눈대중으로 봐도 경복궁 교태전의 화계인 아미산보다 규모가 훨씬 큰 곳이죠. 화계 앞까지 이어진 누마루 위에서 황후는 주변 경치를 감상하며 편안하고 안전하게 시간을 보냈을 거예요. 희정당에서 시작된 복도가 여

기까지 이어지는데요. 황제 부부는 날씨가 좋지 않을 때도 이 복도를 이용해 편하게 건물 사이를 이동할 수 있었겠죠. 또한 바깥에서 이들의 움직임을 볼 수 없으니 경호하기도 훨씬 쉬웠을 테고요.

대조전 뒤편 경치는 화계에서 끝나지 않아요. 가파른 계단 위 작은 문을 열고 나가면 비밀의 숲처럼 후원이 나옵니다. (지금은 이 문을 이용할 수 없어요.) 대조전 뒤 언덕은 자연스럽게 동쪽과 서쪽으로 뻗어 나가는데요. 동쪽으로 뻗은 언덕은 세자가 머무는 동궁에서 갑자기 낮아지는가 싶더니 낙선재 화계에서 멈추고, 서쪽 언덕 줄기는 인정전 바로 뒤에서 끝나요. 왕비의 건물 뒤에서 시작된 언덕이 세자와 임금의 공간까지 이어진다는 점이 흥미롭습니다.

탐험미션

굴뚝, 꽃과 나무, 돌, 비밀의 문 등 대조전 화계에서 가장 마음에 드는 부분을 찾아보세요.

성정각

봄소식을 가장 먼저 맞이한 세자의 공간

세자가 바른 마음으로 공부하던 집

이제 우리는 또 동쪽으로 발걸음을 옮겨 성정각으로 향할 거예요. 세자가 생활하던 공간, 즉 창덕궁의 '동궁'이죠. 임금의 뒤를 이어 조선의 권력을 이어받을 왕자이니 세자가 머무는 곳을 태양이 뜨는 동쪽에 두는 것은 당연한 일이었어요. 희정당이 현재의 권력을 위한 장소라고 한다면, 성정각은 미래의 권력을 위한 공간이라고 보면 돼요.

조선의 앞날을 책임질 인물이니 세자의 교육은 무엇보다 중요한 일이었어요. 세자는 성정각에서 꽉 짜인 일정을 보내며 종일 공부해야 했죠. 늘 마음에 새기라는 듯 건물 이름에도 '바른 마음으로 열심히 공부하라'는 의미를 담았고요. 건물로 들어가는 문의 이름 또한 '현명한 이를 환영한다'는 뜻의 '영현문'이라고 붙였습니다.

두 개의 현판에 새겨진 촉촉한 봄소식

영현문을 통과하면 마당이 나오고 정면의 높게 쌓은 단 위로 성정각 건물이 보여요. 눈에 띄는 것은 바로 옆에 붙어 있는 2층 누각이에요. 성정각 누각에는 현판이 두 개 걸려 있는데요. 남쪽에는 '봄을 알리는 정자'라는 뜻의 '보춘정'이라고 적혀 있어요. 누각의 모퉁이를 돌아 올려다보면 동쪽 현판에는 '비가 내려 마음이 기쁘다'는 뜻이 담긴 '희우루'가 적혀 있죠.

열심히 공부하던 세자가 머리를 식히러 누각에 올라 보춘

정 쪽 창을 여는 모습을 상상해 보세요. 담장 너머로 자시문 바로 앞에 있는 매화나무 한 그루가 보였을 거예요. 매화나무는 추위가 모두 가기 전 이른 봄부터 꽃을 피워 올리는 나무입니다. 봄소식을 가장 빨리 전하기에 이만한 나무가 없었을 것 같아요. 다시 희우루 쪽으로 고개를 돌리면 세자의 눈에 살구나무 세 그루가 보였겠죠. 살구나무는 추

위를 밀어내고 얼었던 땅을 촉촉하게 녹이는 봄비가 내리는 3월 말쯤 연한 빛깔의 꽃을 피워요. 늦겨울부터 완연한 봄날까지 공부하느라 지쳤을 세자의 마음을 위로해 주었을 동무들입니다.

성정각에서 계속 이어지는 세자의 공간

성정각 뒤로 돌아가면 더 높은 자리에 '관물헌'이라는 부속 건물이 한 채 더 있어요. 세자가 공부하는 책을 보관하던 곳이죠. 정조의 손자이자 순조의 아들인 효명 세자가 관물헌에서 다섯 살 때 《천자문》을, 여덟 살 때 《소학》을 익혔다는 기록이 남아 있는데요. 효명 세자는 관물헌에서 본 아름다운 사계절 풍경을 노래한 〈관물헌사영시〉라는 시를 남기기도 했습니다.

관물헌에는 고종이 쓴 '집희'라는 현판이 걸려 있어요. '계속해서 밝게 빛난다'는 뜻으로, 고종이 열두 살 나이에 즉위하던 해에 쓴 글씨라 추측합니다.

동궁 공간은 성정각에서 끝나는 게 아니라 문밖으로 나가

중희당 터와 칠분서, 삼삼와, 승화루까지 이어져요. 중희당은 오래전에 사라져 현재는 터만 남아 있습니다. 후원으로 들어가기 전 관람객들이 대기하는 장소가 바로 이곳이죠. 바닥을 보면 건물을 세웠던 기단(건축물의 터보다 한 층 높게 쌓은 단) 흔적이 남아 있어요.

탐험미션

성정각 주변을 거닐며 조선 시대 세자가 되었다고 상상해 보세요. 어떤 풍경이 여러분의 마음을 기쁘게 해 주나요?

낙선재

궁궐 깊숙한 곳에 세운 임금의 서재

헌종이 책 읽던 집

중희당 터쯤에 이르면 더 갈 곳이 있을까 싶지만 창덕궁은 동쪽으로 조금 더 이어집니다. 언덕길을 따라 내려가면 너른 광장이 나오는가 싶더니 동서 방향으로 반듯하게 뻗은 건물이 눈에 들어와요. 헌종이 서재로 쓰기 위해 지었다는 낙선재예요. 헌종은 그림과 글씨, 인장(나무나 뼈, 뿔, 돌 등에 새긴 도장)을 특히 좋아해 여러 작품을 수집한 임금으로도 유명하답니다. 예술을 유독 사랑했기 때문일까요. 자신이 책을 읽을 공간에 신경을 많이 썼어요.

정문인 '장락문'으로 들어서면 도도한 모습의 낙선재 누마루가 보여요. 특히 정면을 향해 날개를 쫙 펼친 듯한 지붕 선이 인상적입니다. 저 누마루에 앉아 책을 봤을 헌종의 모습을 상상하니 조선 임금이 부럽다는 생각이 들어요. 누마루 아래 벽면에는 독특한 문양이 새겨져 있는데요. 얼음이 갈라지는 모양을 표현한 '빙렬무늬'입니다. 나무로 만든 건물이다 보니 불이 나는 것을 막고 싶은 마음을 담아 이런 무늬를 새긴 거죠.

마당에서 동쪽으로 난 문을 통과하면 '석복헌'이 나와요. 헌종이 대를 이을 자식을 낳기 위해 맞이한 후궁 경빈 김씨에게 지어 준 집이죠. 그런데 헌종은 경빈 김씨와 혼인한 지 얼마 지나지 않아 22세라는 젊은 나이에 세상을 뜨고 말아요. 석복헌에서 다시 옆으로 가면 대왕대비, 그러니까 헌종의 할머니인 순원 왕후를 모셨던 '수강재'가 있어요.

조선 왕실의 역사가 저문 장소

해방을 거쳐 한국 전쟁이 끝난 뒤, 남은 마지막 황실 가족들은 낙선재에 머물다 세상을 떠났어요. 순정효 황후는 한국 전쟁이 터지고 피란을 갔다 1960년 낙선재로 돌아왔습니다. 고종 황제의 막내딸 덕혜 옹주는 일본으로 끌려가 신경 쇠약과 정신 분열을 겪는 등 고통스럽게 살다 1962년 귀국해 낙선재에서 지냈어요. 1963년부터는 대한 제국 마지막 황태자 영친왕과 부인 이방자 여사가 낙선재에 살았고요. 이들은 이곳에서 지내다 세상을 떠났는데요. 1989년에는 덕혜 옹주와 이방자 여사가 며칠 간격으로 이곳에서 숨을 거두었답니다. 일본에서 지내던 대한 제국의 마지막 황세손 이구가 사망하자 시신을 옮겨 와 장례를 치른 곳도 낙선재예요. 그러니까 낙선재는 조선 왕실의 역사가 저문 장소라고 할 수 있어요.

화려한 색을 이긴 소박한 나무 빛깔

낙선재를 둘러보면 지금까지 탐험한 창덕궁 건물과 왠지 분위기가 다르게 느껴져요. 궁궐 건물들은 주재료인 나무를 보호하고 건물의 권위를 높이기 위해 대개 단청 색을 입히거든요. 그런데 어찌 된 일인지 낙선재에는 색을 입히지 않고 나무 색깔을 그대로 드러냈어요. 화려하게 단청으로 치장한 건물 사이에서 수수하게 나무 빛깔만 드러낸 낙선재가 오히려 눈에 잘 띄는 효과를 얻었죠.

낙선재의 아름다운 구석구석

낙선재의 화계는 궁궐에서도 특히 유명해요. 꽃과 나무, 굴뚝과 괴석 등으로 한껏 예쁘게 꾸며 놓았기 때문이죠.

누마루 쪽으로 시선을 돌리면 낙선재에서 가장 손꼽히는 장면이 눈에 들어옵니다. 바로 원형과 사각형의 문이 겹쳐서 보이는 마당 쪽 풍경이에요. 둥근 모양의 문은 궁궐은 물론이고 한옥에서도 보기 드문데요. 방 안에 앉아 화계와 마당 쪽 경치를 번갈아 보면 어떤 느낌일지 궁금해집니다.

방문 모양 말고도 세심하게 멋을 부린 부분이 많아요. 방문의 문살 모양도 참 다양합니다. 옆 건물로 건너가다 보이는 담장의 갑골 문양도 그렇고요. 석복헌 난간에는 호리병 모양을 조각해 두었답니다. 포도 문양을 새겨 둔 곳도 있어요. 호리병과 포도 문양은 헌종과 후궁이 자식을 많이 낳기를 바라며 새겨 넣은 거랍니다.

탐험미션

낙선재에서 가장 예쁜 장소는 어디인 것 같나요? 그 장소를 한 문장으로 표현해 보세요.

주제 탐험 코스 1   **<동궐도>를 찾아서**

창덕궁과 창경궁을 한 폭에 담은 <동궐도>는 1820년대 말~1830년대 초에 그려진 것으로 보여요. <동궐도>를 보며 창덕궁과 창경궁을 탐험하는 것도 재미있겠죠?

① 위에서 내려다본 궁궐

<동궐도>는 땅 위에서 보고 그린 그림이 아니라 하늘에서 내려다본 궁궐의 모습을 그린 그림이에요.

② 압도적인 크기

가로 길이 584센티미터, 세로 길이 273센티미터에 이르는 어마어마한 크기를 자랑하는 작품이랍니다.

④ <동궐도>를 그린 이유

<동궐도>를 그린 이유는 알려져 있지 않아요. 보안이 몹시 엄한 궁궐을 왜 이렇게까지 세세하고 정밀하게 그렸는지는 아직까지도 풀리지 않은 비밀이죠.

③ 정밀한 묘사

건물과 문의 모양 및 방향, 기둥과 칸의 수, 마당에 있는 물건 등이 정밀하게 묘사되어 있어요. 장독대, 우물, 해시계, 측우기는 물론이고 심지어 나뭇가지 위에 있는 새 둥지까지 그려져 있죠.

새 둥지는 어디 그려져 있지?

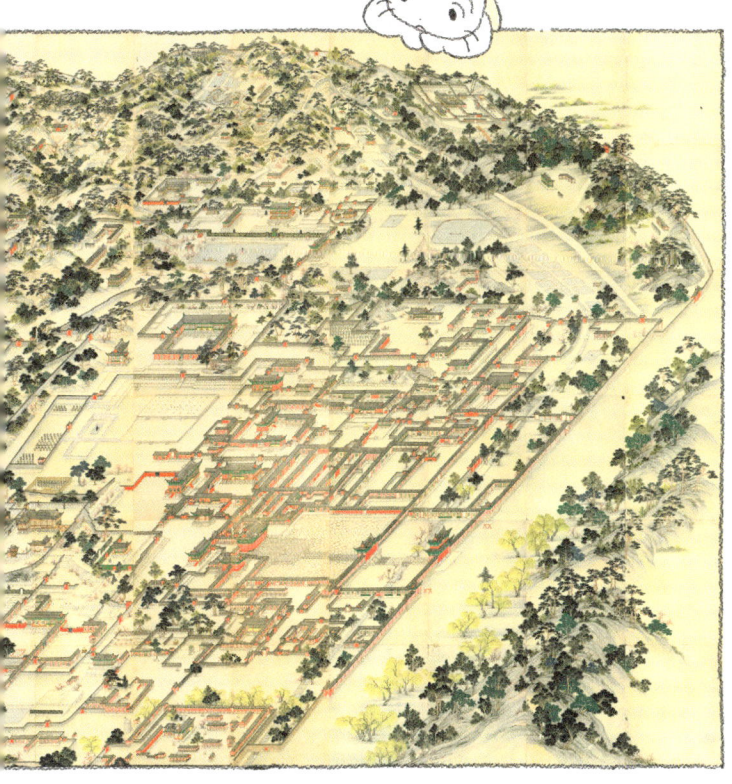

사람은 그려져 있지 않구나.

부용지

궁궐 속 비밀의 정원

둥근 하늘과 네모난 땅

이제 후원을 탐험할 차례입니다. 지금까지 함께 탐험한 건물들과 달리 후원에 들어가려면 미리 예약을 해야 해요.

후원 입구로 들어가면 오르막길이 이어지다가 금세 울창한 숲이 주위를 에워쌉니다. 곧 내리막길로 접어드는가 싶더니 사방이 환해지는 장소로 쑥 들어가게 돼요. 그곳에서 처음 만나는 공간이 부용지입니다. 후원에 처음 왔다면 누구나 깜짝 놀랄 만큼 멋진 경치가 펼쳐지는 곳이죠. 조선 시대 선비들에게 유독 인기가 높았던 꽃 중 하나가 바로 연꽃인데요. 연못 이름인 '부용'은 바로 연꽃을 상징해요.

네모난 연못을 중심에 두고 건물 몇 채가 배치돼 있는데요. 연못 한가운데에는 동그란 인공 섬 하나가 둥실 떠 있어요. 이렇게만 설명하면 단순한 구조 같지만, 여기에는 깊은 뜻이 담겨 있습니다. 혹시 '하늘은 둥글고 땅은 네모나다'라는 동양의 전통 사상인 '천원지방'이란 단어를 들어본 적 있나요? 사각형으로 만든 연못과 가운데 둥근 모양의 인공 섬이 바로 이 천원지방을 표현한 거예요.

낚싯대 드리우던 정조의 즐거운 한때

연못 남쪽에는 '부용정'이라 불리는 정자 한 채가 있어요. '열 십(十)' 자 모양으로 정교하게 짜 맞춰 올린 지붕이며 물속으로 첨벙 발을 담근 돌기둥 두 개까지, 눈길을 사로잡는 근사한 정자예요. 부용정은 숙종 때 지은 '택수재'라는 정자를 정조가 새로 지으면서 붙인 이름이랍니다.

그런데 돌기둥 바로 위 누마루를 보세요. 부용정의 다른 바닥보다 높아서 아무나 올라갈 수 없는 자리 같아요. 정조가 부용정에서 자주 신하들과 함께 낚시와 꽃구경을 즐겼다는 기록으로 미루어 저 누마루는 정조가 낚싯대를 드리우고 여유를 즐기던 자리일 거예요. 이때 정조는 신하들에게 시 한 편씩을 지으라는 숙제를 내기도 했는데요. 정해진 시간 안에 제대로 시를 짓지 못하는 신하를 연못 가운데 있는 섬에 잠깐씩 가두는 짓궂은 장난을 하기도 했답니다.

학문을 갈고닦던 임금의 도서관

부용정을 물끄러미 내려다보듯 서 있는 연못 건너편 누

각은 '주합루'라고 해요. 1층에는 왕립 도서관 역할을 하던 '규장각'이 있었고요. 2층은 책을 읽을 수 있는 열람실이었죠. 정조는 학문을 매우 중요하게 생각한 임금으로, 책들을 모으고 관리하는 데 신경을 많이 썼습니다. 규장각에만 책이 8만 권 넘게 있었다고 전해져요.

규장각은 선대 임금의 글씨나 책 등을 보관하기 위해 숙종 때 처음 만든 기관이에요. 정조는 규장각의 역할을 확대해 젊고 능력 있는 선비들을 모으고 자신이 펼치려는 국가 정책을 연구하게 했어요. 이때 모인 인물들이 정약용, 박제가, 유득공, 이덕무 등이었죠.

주합루에 들어가려면 '어수문'을 통과해야 하는데요. '어수'란 물고기와 물을 뜻해요. 물을 떠나서는 물고기가 살 수 없듯, 임금과 신하의 관계 또한 그만큼 중요하다는 사실을 말하는 문이죠. 임금만 어수문을 통해서 드나들 수 있었고, 신하들은 양쪽의 낮은 문으로 고개를 숙인 채 들어가야 했어요. 그런데 〈동궐도〉를 보면 양쪽 문의 높이가 지금보다는 높게 그려져 있답니다. 일제 강점기를 거치며 높이와 크기가 작아진 걸로 추정해요.

주합루 주변에는 습기에 약한 책들을 햇볕이나 바람에 말리며 관리하던 '서향각', 비가 쏟아져 기쁘다는 뜻을 지닌 '희우정', 풍년을 기원하는 정자인 '천석정' 등이 있어요.

《춘향전》에 등장하는 너른 마당

연못 동쪽에 있는 '영화당'은 부용지 주변에서 가장 이른 시기에 만들어진 건물이에요. 영화당 앞쪽의 탁 트인 광장을 '춘당대'라고 하는데요. 조선 시대에 과거 시험장이나 활쏘기 장소로 이용하던 곳이죠. 춘당대에서 치르던 과거 시험을 '춘당대시'라고 했어요. 춘당대시와 춘당대는 유명한 고전 소설 《춘향전》의 배경으로도 등장해요. 주인공 이몽룡이 장원 급제한 시험이 이곳에서 치른 춘당대시였거든요.

지금은 사라졌지만, 영화당을 두고 양옆으로 담장이 연결되어 있었답니다. 그러니까 영화당은 특이하게도 담장 중간에 서 있었던 거죠. 지금도 바로 옆(북쪽)으로 작은 문이 하나 있는데, 이게 조선 시대에 있었던 담장의 흔적이에요.

우물을 보호하기 위해 세운 건물

영화당 건너편에는 '사정기비각'이 보입니다. 세조 때 후원에 우물 네 개를 파고 '마니, 파려, 유리, 옥정'이라는 이름을 붙였다고 전해지는데요. 숙종 때 이런 사실을 비석에 기록하고 이 비석을 보호하기 위해 세운 건물이죠.

그런데 2008년 사정기비각과 주합루 사이에서 실제로 우물 두 개가 발견되었어요. 지금도 볼 수 있고요. 이 우물을 조사한 결과 그중 한 개는 세조 때 판 우물 네 개 중 하나라고 추측한답니다.

탐험미션

부용지 모서리에 놓여 있는 돌 어딘가에 물고기가 조각되어 있어요. 이 물고기를 찾아보세요.

애련지

연꽃을 사모하는 마음을 담은 연못

후원에 세운 효명 세자의 공부방

후원의 두 번째 공간은 애련지입니다. 우리는 애련지 안에 있는 소박한 건물들을 먼저 만나 볼 텐데요. 조금 전 탐험한 영화당을 지나 조금만 걸어가다 보면 왼쪽에 '금마문'이 보일 거예요. 이 문 안으로 들어가면 언덕을 등지고 아담하게 생긴 건물 두 채가 자리 잡고 있어요. 왼쪽 건물이 '의두합', 오른쪽 건물이 '운경거'입니다.

이곳은 정조의 손자인 효명 세자가 책을 읽던 서재예요. 효명 세자는 아버지 순조를 도와 18세부터 세자 신분으로 내리청정(임금이 병들거나 나이가 늘어 세자가 대신 국정을 돌보는 일)을 한 인물이죠. 어릴 때부터 매우 영리했다는 평가를 받았지만, 안타깝게도 21세에 세상을 뜨고 말았어요.

할아버지에 기대고 싶었던 손자의 마음

의두합과 운경거는 서재인데도 특이하게 해가 잘 들지 않는 북쪽을 향해 있어요. 방 안에 앉아 책을 읽기도 공부를 하기도 불편했을 텐데 말이에요. 아마도 정조의 이상과 철

학을 본받기 위해 자기 공부방을 주합루 바로 뒤편 언덕에 바짝 붙인 게 아닐까 싶어요. 건물 뒤로 계단을 내어 주합루로 드나들기도 쉽게 해 놓았죠. 할아버지에 기대고 싶은 어린 손자의 마음 같다고 할까요. 이름에서도 그런 의도를 짐작할 수 있는데요. 의두합의 '두(斗)' 자는 북두칠성을 의미해요. 여기서 북두칠성을 정조라고 보기도 한답니다. 그런데 고개를 갸우뚱하는 친구가 있을지도 몰라요. 마루 위쪽에 걸려 있는 의두합 현판에는 '두(斗)' 자가 보이지 않거든요. 현판에 적힌 '기오헌'은 의두합의 다른 이름입니다.

　의두합 바로 옆에 있는 아담한 운경거는 궁궐에 있는 건물 중 가장 작아요. 딱 방 한 칸 크기로 지었는데요. 책상 하나, 책 몇 권 정도만 가지고 들어갈 수 있는 단출한 방이죠. 악기 연주, 노래, 춤 등 예술 감각도 뛰어난 것으로 잘 알려진 효명 세자는 이곳에 악기를 보관하기도 했답니다.

임금이 늙지 않기를 바라며 돌로 만든 문

이번에 통과할 문은 조금 특이합니다. 돌로 만든 문이거든요. 자세히 보면 돌 조각 여러 개를 이어 붙인 게 아니라 커다란 돌 하나로 만들었다는 사실을 알 수 있어요. 문의 크기보다도 훨씬 더 큰 돌을 골라 정성스럽게 깎고 갈아 만들었다고 추정할 수 있겠죠. 그렇게 만들어 지금 놓인 자리로 싣고 와 세우기까지 얼마나 힘들었을까요.

이 문의 이름은 '불로문'입니다. '아니 불', '늙을 로'. 그러니까 후원의 주인인 임금이 늙지 않기를 바라며 돌로 문을 만들고 이런 이름을 붙인 거예요. 지금은 누구나 문을 통과하며 자신과 가족, 친구들이 늙지 않기를 빌 수 있죠. 그래서일까요. 이곳에 오면 불로문을 몇 번이고 들락날락 통과하는 사람들을 종종 볼 수 있어요. 여러분도 애련지에 도착하면 이름에 담긴 의미를 생각하며 불로문을 통과해 보세요.

불로문을 통과해 오른쪽으로 눈을 돌리면 비로소 연꽃을 사랑하는 마음을 담아 이름 지은 연못, 애련지가 보입니다. '애련'이라는 이름은 중국 송나라 유학자인 주돈이가 지은 글 〈애련설〉에서 유래했어요. 이 글에서는 청결하고, 곧고, 향기롭고, 맑은 연꽃을 군자(행실이 점잖고 어질며 덕과 학

식이 높은 사람)에 빗대었죠. 이곳도 부용지와 마찬가지로 네모난 연못이에요.

 '애련정'이란 이름의 정자도 부용정처럼 기둥 두 개를 물속에 담그고 서 있어요. 애련정을 처음 세운 임금은 숙종이에요. 이때는 정자가 연못 가운데에 있었다고 하는데요. 정확히 어느 때인지 모르지만 지금처럼 연못 북쪽 물가로 옮겨졌지요.

물 한가운데에 인공 섬만 없을 뿐 연못을 중심에 두고 정자와 건물 몇 채가 마주 보고 있는 애련지의 구조는 부용지 주변과 비슷해요. 후원을 탐험하면서 이렇게 연못과 정자의 모습을 비교해 보는 것도 재미있답니다.

탐험미션

예술을 사랑한 효명 세자는 운경거에 악기를 보관하기도 했다고 했죠? 여러분에게 운경거 같은 나만의 공간이 있다면 무엇을 보관하고 싶나요?

관 람 지

연못과 숲, 정자의 절묘한 조화

한반도를 닮은 연못

이제 둘러볼 연못의 이름은 관람지입니다. 모양이 한반도와 닮아 '반도지'라는 별명으로도 불리죠. 원래 작은 연못 세 개가 있었는데, 일제 강점기 무렵 지금처럼 하나로 합쳐진 거라고도 추정해요.

연못을 두고 건물 네 채와 주변을 감싼 온갖 나무들까지 참 절묘하게 정성을 기울여 배치했다는 느낌이 드는 곳인데요. 특히 건물들은 하나같이 위압적이지 않고 정답게 생겼답니다.

독특한 아름다움, 관람정

가장 먼저 찾아갈 건물은 '관람정'입니다. 앞서 애련지를 탐험하면서 후원의 연못과 정자의 모양을 서로 비교하면 재미있다고 얘기했죠? 관람정이 그런 곳이에요. 크기는 부용정보다 작지만, 생김새만큼은 여느 건물 못지않게 독특하거든요.

먼저, 연못 쪽으로 내려가는 계단 위에서 관람정을 보면 지붕 모양이 그렇습니다. 꼭 부채를 쫙 펼쳐 놓은 모양 같지 않나요? 그런데 계단을 따라 내려가서 보면 관람정의 바닥도 부채를 펼친 모양이에요. 우리가 지금까지 궁궐을 탐험하면서 만났던 정자의 생김새와는 확실히 달라요. 이런 부채꼴 모양의 정자는 우리나라에 관람정 하나뿐이죠.

독특한 모양은 또 있어요. 바로 관람정의 현판인데요. 식물의 이파리 모양을 닮았습니다. 바로 '파초잎'이에요. 조금 낯선 식물이죠? 대개 직사각형 현판을 거는데요. 관람정만은 이렇게 다르게 생긴 현판으로 멋을 냈어요.

관람정도 부용정, 애련정과 마찬가지로 기둥 두 개가 연못 속에 담겨 있습니다. 관람정 바로 앞에서 고개를 빼꼼 내밀면 기둥과 기둥 사이로 연못과 후원 숲의 경치가 잘 보여요. 관람은 '배에서 닻줄을 내리고 물을 바라본다'는 뜻인데요. 정자의 이름으로 붙이기에는 좀 특이해요. 그런데 관람정과 그 주변 풍광을 한참 보고 있으면 왜 물에 배를 띄우고 구경하는 모습을 떠올리게 하는 이름을 붙였는지 조금 이해할 수도 있을 것 같습니다.

만 개의 연못 위에 띄운 국왕의 자존감

관람정을 뒤로하고 다시 계단을 올라 돌다리를 건너면 '존덕정'이라는 정자가 나옵니다. 안쪽과 바깥쪽에 이중으로 세운 기둥이며 겹쳐 쌓아 올린 지붕을 보세요. 관람지 영역에서도 가장 근사하게 생긴 정자인데요. 천장 지붕에 청룡과 황룡을 그려 넣은 그림 솜씨도 대단해요.

정자 안쪽에는 작은 글씨가 빼곡하게 적힌 나무 현판이 하나 걸려 있습니다. 제목만 읽어 보면 '萬川明月主人翁自序(만천명월주인옹자서)'라고 쓰여 있어요. '만 개의 연못에 뜬 밝은 달의 주인이 썼다'는 뜻입니다. 이때 밝은 달은 존덕정의 주인이었던 정조를, 만 개의 연못은 백성을 가리키고요. 이 글씨는 정조가 쓴 것으로 알려져 있는데요. 자신을 수많은 연못을 비추는 달에 비유하다니! 대단한 자존감이 아니고는 쓸 수 없는 글이죠.

어리석음을 깨우치는 집

존덕정 서쪽에 보이는 '폄우사'에는 '어리석음을 깨우치는 집'이란 뜻이 담겨 있는데요. 효명 세자가 공부했다고 전해지는 곳이죠. 그러고 보면 학문을 하는 이유는 자신의 어리석음을 깨닫고 현명해지기 위해서일 텐데요. 건물 이름을 참 잘 지었다는 생각이 드네요. 폄우사에서 책을 읽다가 존덕정으로 내려가 할아버지 정조가 나무 현판에 새긴 글씨를 보았을 손자 효명 세자의 모습이 그려집니다.

길을 따라 올라간 가장 높은 곳에 '승재정'이 자리 잡고 있어요. 승재정 계단에 오르면 연못과 주변이 훤하게 잘 보이죠. 1907년 순종 황제가 즉위한 후 창덕궁으로 거처를 옮겼던 무렵 승재성과 관람정을 지었다고 추측하고 있어요.

탐험미션

관람지 주변에 세워진 건물 네 곳을 다 둘러보았나요? 그중 어떤 건물이 가장 마음에 드나요? 그 이유도 함께 이야기해 봐요.

옥류천

깊은 숲에 흐르는 옛사람들의 풍류

후원 깊숙한 숲의 물길과 폭포

존덕정을 지나 숲길을 따라 걸어 올라가면 숨이 찰 때쯤 '취규정'이 보입니다. 옥류천으로 건너가기 전 잠깐 멈춰 쉬기에 딱 좋은 자리죠. 취규정을 지나 다시 언덕길을 내려가야 옥류천이 나와요. 후원에서도 가장 깊숙한 골짜기에 자리하고 있답니다.

옥류천의 가운데 부분에 있는 커다란 바위가 '소요암', 바로 옆 정자가 '소요정'이에요. 소요암에는 인조가 손수 쓴 옥류천의 이름과 옥류천 주변의 아름다움을 노래한 숙종의 시가 새겨져 있습니다. 소요암 아래 너럭바위에는 커다란 바위를 돌아 흐르는 물길을 냈어요. 조선의 임금들은 이곳에 앉아 흐르는 물 위에 잔을 띄우고 함께 온 신하들과 시를 짓는 놀이를 즐겼는데, 이를 '유상곡수연'이라고 해요. 물길 끝에는 폭포를 상상하며 물이 떨어지게끔 설계해 놓았는데요. 엄청나게 큰 폭포를 떠올렸다면 조금 실망할 수도 있을 거예요. 비가 많이 와서 물이 불어나야 물 떨어지는 소리를 들을 수 있는 정도랍니다.

각종 행사가 벌어지던 공간

다음으로 탐험할 '청의정'은 궁궐에서 유일하게 초가지붕을 올린 정자예요. 정자 앞 작은 논에서 나온 볏짚을 이어 초가지붕을 만든 거죠. 조선은 농사가 기본이 되는 나라였던 만큼 임금이 직접 농사짓는 시범을 보였는데, 이 행사를 '친경례'라고 했어요. 해방 이후부터 현재 청의정이 자리한

흩날리는 폭포에서 하얀 무지개가 이는구나.

논에서 친경례 행사를 열고 있는데요. 조선 시대에는 지금의 창경궁 대춘당지(창경궁의 맨 마지막 탐험 장소예요.)에 있던 열한 개의 논에서 친경례가 열렸습니다. 이 논을 백성들에게 농사를 권하는 '권농장'으로 이용한 거예요.

'농산정'은 부엌, 온돌방, 마루가 딸린 정자예요. 옥류천으로 나들이 나온 임금이 궂은 날씨 등을 만났을 때 잠시 머물 수 있었겠죠? 정조는 어머니 혜경궁 홍씨의 회갑 잔치를 수원 화성에서 치르기 위해 어머니를 모실 가마꾼들을 모아 훈련을 시켰는데요. 이 훈련이 끝나면 가마꾼들을 농산정으로 불러 음식을 내렸다고 합니다.

옥류천을 다 돌아보고 나가는 길에 보이는 '취한정'이라는 정자는 임금이 머물면서 책을 보던 장소입니다.

탐험미션

소요암에 새겨진 시를 함께 읊어 볼까요? "삼백 척 흩날리는 물길은 아득히 먼 하늘에서 떨어져 내리네. 보고 있으면 흰 무지개 일고 골짜기마다 우레 소리 가득하네."

연경당

세자의 효심이 깃든 곳

효명 세자의 효심으로 지은 집

연경당을 지은 사람은 효명 세자입니다. 아버지 순조와 어머니 순원 왕후를 위한 잔치를 여는 장소로 연경당을 자주 이용했어요. 후원에서도 깊숙한 곳에 자리 잡고 있어 부모를 위한 행사를 열기에 딱 좋았을 것 같아요. 효명 세자는 이름에서도 느낄 수 있듯 효심이 매우 깊었다고 하는데요. 젊은 나이에 세상을 뜬 효명 세자의 초상화를 이곳 연경당에 보관해 두기도 했죠.

낙선재와 닮은 건물

지금까지 탐험한 후원의 공간들과 달리, 연경당은 생활하는 집이라는 느낌이 드는 곳이에요. 양반이 살고 있을 것 같은 한옥이죠. 건물에 색을 칠하지 않고 나무 빛깔을 그대로 둔 모습은 헌종이 서재로 쓰기 위해 지은 낙선재를 닮았습니다. 연경당의 정문 이름도 낙선재와 똑같이 '장락문'이에요. 두 곳의 문 이름이 왜 같은지는 정확히 알려져 있지 않아요.

연경당 주인들의 생활 공간

장락문으로 들어서면 문이 두 개 보이는데요. 오른쪽 문은 사랑채로 통해요. 한옥에서 사랑채는 남자들의 공간으로, 이곳에서 책을 보며 공부하거나 손님을 맞이했죠. 고종 때는 연경당에서 신하나 외국 사신을 만나기도 했고요.

사랑채 마당 한쪽에 난 문을 통과하면 안채 마당이 나옵니다. 연경당의 안주인을 위한 공간이에요. 사랑채와 안채는 담장으로 갈라놓은 것처럼 보이지만, 실내는 통로로 연

결되어 있어 서로 편하게 오갈 수 있었어요. 경복궁 건청궁의 장안당, 곤녕합과 비슷한 거죠.

책 향기를 보관하던 이색적인 건물

　다시 사랑채 마당으로 가 볼게요. 사랑채 오른쪽 건물은 이 집의 주인이 서재로 썼던 '선향재'예요. 그런데 전통 한옥과 조금 다른 모습이죠? 동판으로 만든 지붕을 기와 지붕에 겹쳐 이어 놓았어요. 지붕 아래로는 도르래로 연결된 차양을 설치했고요. 선향재는 서쪽을 향해 있어 늦은 오후에 방 안쪽까지 햇빛이 길게 들어오기 때문에 차양을 접었다 펼쳤다 할 수 있게 만든 거죠. 선향재 뒤로는 화계를 만들고 '농수정'이라는 정자 한 채를 올려다 놓았답니다.

탐험미션

선향재는 '좋은 향기가 서린 집'이라는 뜻이에요. 그렇다면 여기서 '좋은 향기'란 어떤 향기를 가리키는 것일까요?

주제 탐험 코스 2   창덕궁 궐내각사를 찾아서

돈화문을 통과해 금천교를 건너지 않고 직진하면 조선 시대 관리들이 모여 일하던 건물들이 나옵니다. 바로 '궐내각사'라는 곳이에요. 조선 공무원들의 일터로 탐험을 떠나 볼까요?

① 규장각

책을 관리하고 학문과 정책을 연구하던 기관이에요. 후원에 있는 규장각이 너무 멀어 정조가 가까운 곳에 규장각을 하나 더 세웠어요.

② 검서청

왕실에서 펴내는 책들을 검토하던 곳이에요. 정조는 당시로서는 파격적으로 서얼(양반인 아버지와 양민 또는 천민 출신 어머니 사이에서 태어난 자식) 출신인 박제가, 유득공, 이덕무 등을 뽑아 검서청에서 일하게 했어요.

③ 억석루

궁궐에서 흔히 볼 수 없는 2층 건물이에요. 내의원에 딸린 건물이었다고 추측해요.

⑥ 옥당

책과 서류 등을 관리하던 '홍문관'의 사무실입니다. 홍문관 관리들은 임금이 공부하는 경연 자리에 참석하기도 하고 사헌부, 사간원 등과 더불어 언론의 역할도 했어요.

⑤ 약방

임금의 건강을 관리하던 어의와 의녀 들이 일하던 내의원이 있던 곳이에요. 외부인이 함부로 들어오지 못하도록 궐내각사 중심에 배치했습니다.

④ 선원전

이전 임금들의 어진, 즉 초상화를 모아 둔 장소예요. 이곳에서 간단한 제례 의식을 치르기도 했어요. 조선 왕실이 정신적으로 의지한 장소로, 1921년 새로 지은 신선원전과 구분해 '구선원전'이라고도 해요.

창경궁 탐험 지도

'창경궁'은 창덕궁과 담장 하나를 두고 맞닿아 있는 짝꿍 궁궐이에요.
창덕궁 탐험을 마치고 문을 통과하면 순간 이동을 한 것처럼 창경궁이 펼쳐지는데요.
왕실 어른들을 위해 마련한 공간인 만큼 곳곳에서 편안함이 묻어납니다.
동시에 일제 강점기의 설움과 아픔이 서려 있기도 하죠.
그럼 창경궁을 탐험하며 조선 시대에서 현재까지 시간 여행을 떠나 볼까요?

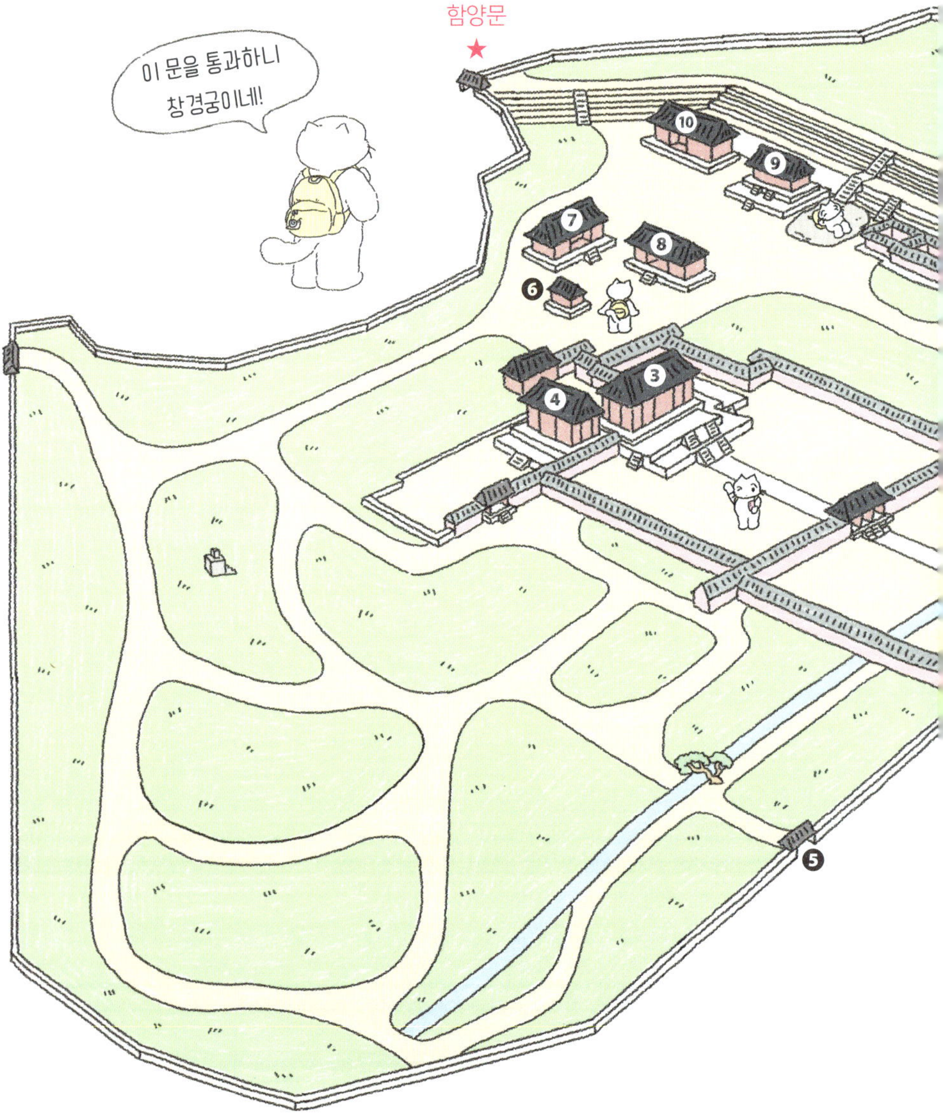

함양문 ★

이 문을 통과하니 창경궁이네!

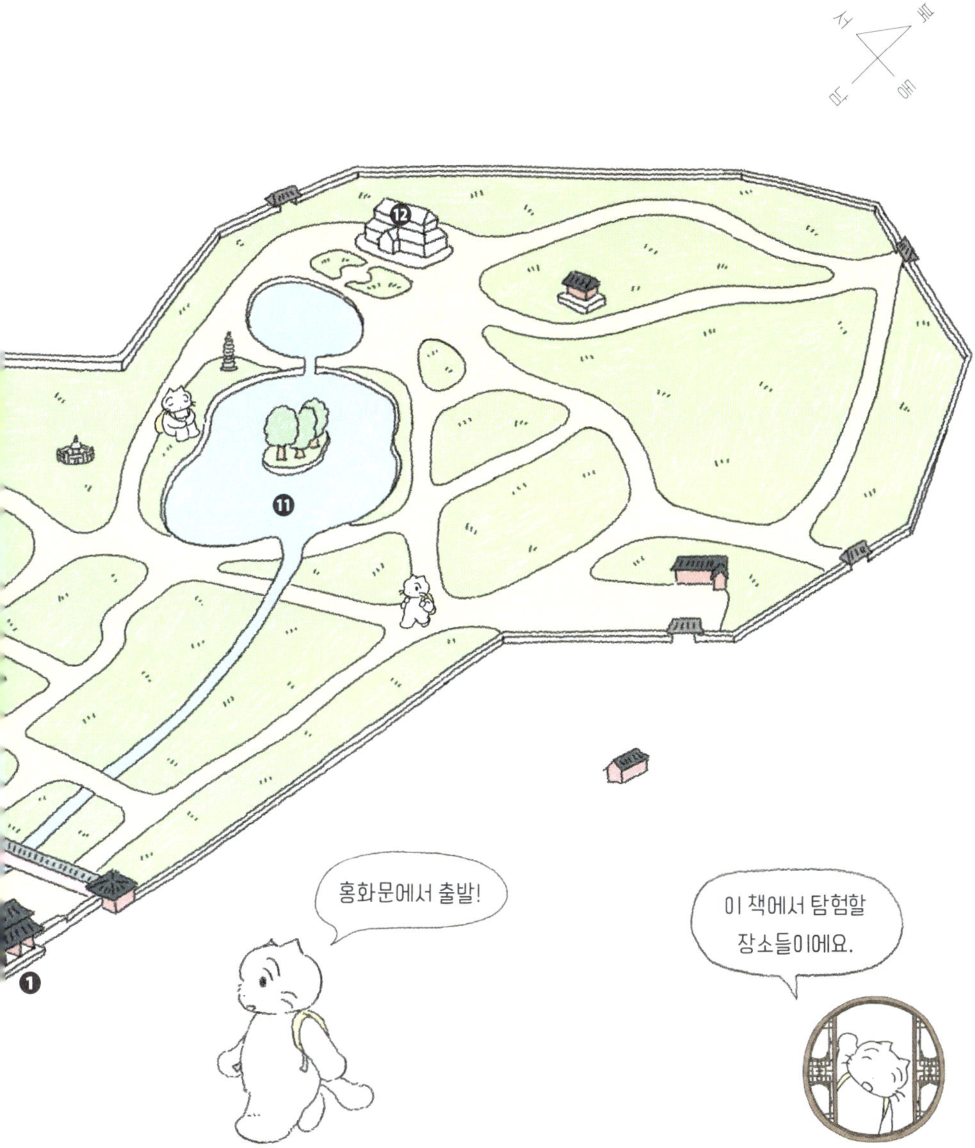

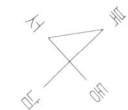

홍화문에서 출발!

이 책에서 탐험할 장소들이에요.

❶ 홍화문
❷ 옥천교
❸ 명정전
❹ 문정전
❺ 선인문
❻ 함인정
❼ 경춘전
❽ 환경전
❾ 양화당
❿ 통명전
⓫ 춘당지
⓬ 대온실

표지 재킷 뒷면에도 지도가 있어요!

홍 화 문

동쪽을 향해 있는 창경궁의 정문

가장 오랜 역사를 지닌 궁궐 정문

우리는 이제 창경궁을 탐험하기 위해 정문 홍화문 앞에 와 있습니다. 지금까지 함께 탐험한 경복궁 광화문, 창덕궁 돈화문과 비교해 보는 것도 재미있을 것 같아요.

광화문은 돌을 단단히 쌓아 올린 몸체에 천장이 둥근 무지개 모양의 문 세 개가 있는 모습이에요. 다시 그 위로 높은 누각을 올린 구조이고요. 누가 봐도 위엄이 느껴지는 문입니다. 돈화문은 광화문처럼 돌로 쌓지는 않았지만, 문이 다섯 개나 됩니다. 그중 가운데 세 개 문으로만 출입했죠. 이에 비해 홍화문은 소박한 멋이 흐릅니다.

홍화문은 1484년 창경궁을 지을 때 함께 세웠는데요. 임진왜란 때 불에 타 버려 1616년 복원했습니다. 그런데 1830년 또 한 차례 큰불이 나면서 창경궁의 주요한 건물들이 모두 타 버리고 말았죠. 다행스럽게도 이때 홍화문은 명정전과 명정문, 옥천교와 더불어 불길에서 살아남아 복원된 모습 그대로 남아 있답니다. 그러니까 홍화문은 현재 궁궐 정문 중 가장 오래되었다는 말이에요.

동쪽을 향해 세워진 문

　대개의 궁궐 주요 건물과 문 들을 남향으로 배치한 것과 달리 홍화문은 동쪽을 향해 세웠어요. 왜 이렇게 배치했는지를 설명하는 정확한 기록은 찾아볼 수 없어요. 다만 처음 창경궁을 건축한 이유로 짐작해 보자면, 창경궁은 임금이 국정을 돌보기보다는 왕실의 여성 어른들을 모시기 위해 지은 궁궐이었어요. 따라서 홍화문을 비롯해 창경궁에 있는 건물들의 방향을 정할 때 남향으로 두어야 한다는 원칙에서 조금 자유로웠을 거라 추측하는 거죠.

　임진왜란이 끝나고 광해군이 창경궁을 복원할 때 건물의 배치를 남쪽으로 바꾸려고 시도한 적이 있는데, 신하들의 반대로 지금처럼 동쪽으로 다시 지었다고 해요.

임금과 백성이 소통하던 곳

　홍화문에 대한 기록을 보면 재미있는 장면이 등장해요. 영조 때의 이야기인데요. 조선 시대에 16세부터 60세까지의 양민(양반과 천민의 중간 신분이었던 백성) 남자들은 군대에 가는 '군역'의 의무를 져야 했어요. 이것이 군포(옷감)를 대신 내는 제도로 바뀌면서 군역의 의무를 피하기 위해 관직을 사거나, 호적을 위조하여 불법으로 양반이 되거나, 도망가거나, 스스로 노비가 되는 사람들이 늘었어요. 그러자 나머지 백성들이 부족한 군포까지 메꿔야 했죠. 이 문제를 해결하기 위한 방법을 고민하던 영조는 1750년 5월, 홍화문 앞으로 나갔습니다. 그곳에서 군역의 문제점과 부담에 대한 백성들의 솔직한 목소리를 듣고 싶었던 거예요. 영조의 물음에 백성들이 자신의 의견을 말하는 내용이 기록으로 전해 내려오지요.

굶주리고 어려운 백성을 친히 돕던 곳

홍화문은 임금이 굶주리던 백성을 돕던 장소이기도 해요. 영조는 아들 사도 세자와 함께 홍화문 앞까지 나와 어렵게 사는 백성들에게 쌀을 나눠 주는 행사를 열었어요. 이때 임금과 세자는 홍화문 누각에 올라 백성들의 모습을 살펴봤습니다.

정조 역시 어머니 혜경궁 홍씨의 회갑을 맞아 할아버지 영조처럼 홍화문에서 굶주린 백성들에게 쌀을 나눠 주었어요. 이 모습은 〈홍화문사미도〉라는 그림으로 남아 지금껏 전해져요.

홍화문 앞에서 치러진 시험

성종과 중종, 명종, 선조, 광해군 등 여러 임금은 홍화문 앞에서 치러진 무과 시험을 직접 가서 보기도 했지요. 이때 한양의 많은 백성도 예비 군인들의 시험을 구경하기 위해 몰려들었는데요. 요즘처럼 재미난 구경거리가 많지 않았던 시절, 젊은이들이 말을 타면서 활을 쏘고 검술을 겨루는 장면은 큰 볼거리였을 거예요.

탐험미션

창경궁 홍화문은 경복궁 광화문, 창덕궁 돈화문과 어떤 점이 비슷하고 다른지 한 가지씩 이야기해 보세요.

옥천교

맑은 물이 흐르는 돌다리

홍화문과 명정문 사이에 놓인 금천교

궁궐 정문을 지나면 나오는 돌다리를 통틀어 금천교라고 했죠? 바깥에서 들어오는 나쁜 기운을 막고 궁궐 안과 밖의 경계를 나타낸다고요. 이때 궁궐마다 다리에 특별한 의미를 담은 이름을 따로 붙이는데요. 창경궁 금천교의 이름은 '옥천교'라고 해요.

창경궁에서는 정문인 홍화문을 지나자마자 다리가 나옵니다. 경복궁 영제교와 창덕궁 금천교는 정문을 통과하고도 더 걸어가야 다리를 볼 수 있는데 말이죠.

다시 자세히 보면 두 궁궐과 다른 점이 또 있습니다. 전통적인 궁궐의 구조에서는 정문에서 정전까지 문을 세 개 배치하는데, 창경궁은 정전까지 문이 두 개뿐이에요. 창덕궁을 예로 들어 볼까요? '돈화문 → 금천교 → 진선문 → 인정문' 이렇게 정문을 지나면 금천교가 나오고 문 두 개를 더 통과해야 인정전에 도착하는 구조죠. 그런데 창경궁은 '홍화문 → 옥천교 → 명정문'으로, 금천교를 지나면 바로 명정문이 나타납니다. 창덕궁의 진선문에 해당하는 문이 창경궁에는 하나 없는 셈이에요.

창경궁을 이렇게 설계한 이유를 확실히 설명하는 사료는 없습니다. 창경궁을 지을 당시부터 홍화문 건너편에 '함춘원'이라는 언덕이 있어 문을 하나 더 세울 공간이 나오지 않았던 것 같다고 추정할 뿐이죠. 현재 함춘원 자리에는 서울대학교병원이 있답니다.

존덕정에서 청계천까지 이어지는 물길

옥천교를 중심으로 앞뒤로 세워진 홍화문과 명정문의 위치도 서로 가깝고, 다른 궁궐과 비교하면 문도 하나가 모자라니 왠지 좀 아쉽다는 느낌이 들 법도 해요. 하지만 홍화문을 볼 때 그랬던 것처럼, 옥천교도 조금만 들여다보면 그 속에 담긴 가치와 아름다움을 금세 발견할 수 있어요.

우선 옥천교 아래를 보면 지금도 물이 흐르고 있는데요. 다른 궁궐의 금천은 모두 물길이 막혀 비 오는 날을 제외하면 맨바닥을 드러내고 있는 것과 비교되죠. 비가 적게 내리는 시기에는 시냇물처럼 졸졸 흐르다가 여름 장마 때가 되

면 큰물이 시원하게 콸콸 흐른답니다. 그러고 보니 이름도 정말 잘 지었군요. 옥천교는 '구슬처럼 맑게 흐르는 물을 건너는 다리'라는 뜻이거든요.

이 물길을 거슬러 올라가면 창덕궁 후원에 있는 존덕정으로 이어지는데요. 존덕정 아래 연못에서 출발한 물은 관람지를 거쳐 창경궁 춘당지를 지나 이곳 옥천교 아래를 통과합니다. 그리고 궁궐 밖으로 빠져나가 마침내 청계천까지 흘러 들어가는 거죠.

물이 흐르는 하천 풍경 하나만으로도 창경궁의 사계절이 촉촉해지는 것 같습니다. 특히 개울 양쪽으로 매화나무, 살구나무, 자두나무, 앵두나무가 흐드러지게 피어나는 봄에 옥천교를 거닐면 졸졸 흐르는 물길 위로 쏟아지는 햇살과 꽃향기를 함께 느낄 수 있어요.

수백 년 시간 따라 걷는 다리

임진왜란 때 일어난 화재는 홍화문을 사라지게 했지만, 옥천교까지는 불태우지 못했어요. 1483년에 처음 세워진 이후 여러 차례 벌어진 내란과 전쟁, 화재, 일제 강점기 등의 시련을 모두 버티고 온전한 모습으로 지금껏 살아남았군요. 그러니까 우리는 홍화문에서 출발해 옥천교를 거쳐 명정전에 이르기까지 수백 년 시간이 고스란히 새겨진 길을 따라 걷고 있는 거예요.

탐험미션

옥천교 주변에는 여러 종류의 나무가 있어요. 물길을 따라 다리 주변을 걸으며 가장 마음에 드는 나무 한 그루를 고른 뒤 나만의 이름을 붙여 보세요.

명정전

400년 세월을 지킨 창경궁의 정전

왕실의 잔치가 열리던 연회장

1759년 6월, 명정전 마당에서 왕실의 큰 행사가 열렸어요. 당시 임금이었던 영조가 왕비 정순 왕후를 맞이하는 혼례를 치른 거예요. 사실 2년 전 영조의 왕비였던 정성 왕후가 세상을 떠났는데요. 왕조 국가에서 임금이 왕비 없이 지내서는 안 되는 일이었거든요. 그래서 이날 영조가 새 왕비와 부부의 인연을 맺은 거죠.

명정전은 창경궁의 중심 건물인 정전입니다. 대개 궁궐의 정전에서는 즉위식이나 신하들이 모여 임금에게 예를 올리는 '조하 의식' 등이 열렸어요. 하지만 명정전에서는 이런 큰 행사를 많이 치르지 않았는데요. 경복궁 근정전이나 창덕궁 인정전보다 건물과 마당의 규모가 작았기 때문이죠. 이곳에서 즉위식을 치른 임금은 인종 한 명뿐이에요.

대신 이곳에서는 왕실의 축하 잔치가 많이 열렸어요. 이를테면 왕이나 왕비, 또는 대비에게 존호(왕이나 왕비에게 특별한 의미를 담아 올리는 이름)를 올리는 행사가 열리기도 했고, 나이 많은 노인들을 초청해 건강과 장수를 기원하는 경로잔치인 양로연도 자주 열렸어요. 아프던 세자가 완쾌한 것을 축하하는 잔치도, 영조의 50번째 생일을 축하하는 잔치도 이곳 명정전에서 열렸지요.

궁궐의 정전 가운데 가장 오래된 건물

 궁궐의 정전치고는 조금 소박한 규모지만, 명정전은 품계석과 봉황을 새긴 답도, 2층으로 쌓은 상월대와 하월대, 실내에 설치한 〈일월오봉도〉와 천장의 봉황 조각 등 정전에 필요한 요소는 모두 갖춘 건물입니다.

 특히 대부분의 창경궁 건물들은 전쟁과 화재를 겪으며 훼손되고 복원되기를 거듭했는데요. 명정전만큼은 임진왜란이 끝나고 1616년 새로 지은 뒤 큰 피해 없이 지금까지 잘 남아 있어요. 궁궐의 모든 정전을 통틀어 가장 오래된 건물이라는 얘기죠. 따라서 17세기 초 조선의 목조 건축 기술과 특징을 연구하는 데 귀중한 자료가 된답니다.

탐험미션

명정전 안팎을 둘러보면서 임금을 상징하는 것들을 모두 찾아보세요.

문 정 전

슬픔과 비극이 스며 있는 공간

임금이 국정을 돌보던 곳

명정전 마당에서 왼쪽으로 보이는 건물이 바로 문정전이에요. 임금이 신하들과 함께 나랏일을 돌보던 편전이죠. 정전인 명정전, 임금이 공부하던 숭문당 등과 마치 등을 맞댄 것처럼 건물이 배치되어 있는데요. 왜 이렇게까지 세 건물을 가깝게 두었는지를 설명하는 기록은 없지만, 나라의 각종 크고 작은 행사, 업무, 공부 등 임금이 해야 하는 일을 생각한다면 건물들을 서로 가까이에 두는 게 효율적이었을 거란 생각이 들어요.

문정전은 임진왜란 때 크게 훼손되었어요. 전쟁이 끝나고 건물을 다시 지었는데요. 이때 임금이었던 광해군은 원래 건물에 쓰였던 사각기둥과 남쪽을 보고 있는 방향이 마음에 들지 않았던 모양이에요. 문정전을 복원하면서 기둥을 원형으로 바꾸고 방향도 명정전과 같이 동쪽으로 돌려 세우려고 했지만, 신하들이 반대해 포기해야 했어요. 왕조 국가였지만 건물 기둥 모양과 방향조차 임금 마음대로 할 수 없는 부분도 있었네요.

신주를 보관하던 장소

 문정전은 왕이나 왕비가 죽은 뒤 신주를 보관하던 혼전으로 자주 쓰였어요. 창덕궁 선정전을 탐험하며 혼전에 대해 이야기했던 것 기억하나요? 장례가 끝나고 시신은 왕릉에 묻고 신주는 다시 궁궐로 갖고 돌아와 혼전에 모신다고 했잖아요. 중종과 인조, 효종, 현종, 숙종, 경종, 영조 등의 신주가 여기 문정전에 있었습니다.

 혼전에 모신 지 3년이 지나면 신주는 종묘로 옮겼어요.

그런데 왕비가 먼저 세상을 떠나고 왕이 더 오래 살아 있다면 이야기는 달라져요. 왕이 죽고 나서 3년이 지난 뒤에야 왕비의 신주까지 종묘로 옮길 수 있거든요. 영조의 첫 번째 왕비인 정성 왕후는 1757년에, 영조는 그로부터 19년이 지난 1776년에 세상을 떠났기 때문에 그동안 정성 왕후의 신주는 종묘가 아닌 문정전에 보관되어 있었어요. 영조의 모든 장례 절차가 끝난 후에야 정성 왕후의 신주도 함께 종묘로 옮길 수 있었답니다.

문정전에 또 어떤 이야기가 숨어 있는지 궁금해.

사도 세자가 뒤주에 갇힌 비극의 현장

문정전 마당은 조선 왕실 역사 중 가장 비극적인 사건이 벌어진 현장이기도 해요. 1762년 무더위가 한창이던 여름날 영조는 사도 세자를 이곳에 불러 뒤주에 가둡니다. 문정전에 모신 정성 왕후의 신주에 예를 올리는 자리에 아들이 참석하지 않았다는 이유였는데요.

조선 시대의 임금과 세자의 관계는 지금 우리가 쉽게 이해하기는 힘들어요. 사적으로는 아버지와 아들이었지만, 공식적으로는 임금과 신하이기도 했습니다. 임금인 아버지가 죽으면 아들이 다음 임금이 되어 조선을 이끌어야 했고요. 따라서 임금은 세자의 교육에 그만큼 신경 쓸 수밖에 없었어요. 자신이 죽고 난 다음 조선의 운명이 아들에게 달려 있었으니까요. 이 과정에서 세자는 큰 스트레스를 받기도 했답니다. 여기에 정치에 얽힌 복잡한 갈등과 신하들 사이의 권력 싸움도 끼어들었고요.

사도 세자가 어렸을 때는 아버지 영조와 관계가 좋았습니다. 영조는 어려서부터 똑똑한 아들을 특히 아꼈고 아들에

거는 기대도 컸어요. 하지만 어느 순간부터 부자 관계에 금이 가기 시작했는데요. 세자는 공부를 멀리하는가 싶더니 끔찍한 살인을 저지르기도 했어요. 복잡하게 편이 갈린 신하들 사이의 관계는 영조와 세자 사이를 더욱 멀게 만들었고요. 결국 영조는 안타까운 결정을 내리게 되었죠.

이때 사도를 가둔 뒤주는 문정전 마당에서 조금 떨어진 선인문 앞으로 옮겨졌습니다. 세자는 그 상태로 8일 동안 뒤주 안에 있다 세상을 떠났고요. 이때의 일을 '임오화변'이라고 해요.

탐험미션

문정전은 임금이 머물며 나랏일을 돌보거나, 다양한 공부를 하던 곳입니다. 좋은 임금이 되기 위해선 어떤 공부를 해야 했을까요?

선인문

사도 세자의 죽음을 지켜본 문

시신을 옮기던 문

홍화문으로 들어와 왼쪽으로 쭉 걸어가면 작은 문이 하나 더 나옵니다. 바로 선인문이에요. 신하들이 궁궐을 드나들 때 이용하던 문이었죠.

이 문으로는 궁궐에서 죽은 사람의 시신을 옮기기도 했는데요. 왕이나 왕비를 비롯한 왕실 가족이 세상을 뜨면 당연히 정문으로 장례 행렬이 나갔지만, 죄인 신분으로 죽는 경우 시신을 궁 밖으로 옮기려면 선인문을 이용해야 했어요. 정문으로 통과할 자격을 박탈당했기 때문이죠.

선인문으로 시신이 옮겨진 대표적인 인물로 숙종의 후궁 장희빈이 있어요. 중전인 인현 왕후를 모함한 죄가 드러나 죄인 신분으로 죽임을 당했죠. 소현 세자의 아내 강빈의 시신 역시 선인문으로 옮겨졌지만, 장희빈과 경우가 조금 달라요. 강빈은 시아버지 인조의 손에 억울하게 죽었거든요. 강빈의 안타까운 사연이 전해졌는지 이날 한양 백성들이 모여 선인문으로 나오는 강빈의 시신을 보고 마음 아파했다는 기록이 《조선왕조실록》에 전해 옵니다.

8일 동안 뒤주에 갇혀 죽어 간 사도 세자

문정전 마당에서 뒤주에 갇힌 사도 세자가 옮겨진 곳이 선인문이라고 했죠? 그렇게 뒤주에 갇힌 채 버려진 세자는 8일 후 숨을 거두었고요. 양력으로 따지면 7월, 그러니까 1년 중 가장 덥고 습한 날씨였어요. 이때의 일은 지금도 미스터리입니다. 영조는 아들 사도 세자를 정말 죽일 수밖에 없었던 걸까요? 영리했던 사도 세자는 왜 그런 큰 잘못을 저질렀을까요?

선인문 바로 안쪽, 그러니까 금천이 흐르는 바로 옆에 회화나무 한 그루가 서 있습니다. 여러 기록을 종합해 보면 1762년 임오화변 당시에도 이 나무가 같은 자리에 있었던 걸로 알려져 있어요. 그러니까 이 나무는 그해 여름 뒤주에 갇혀 죽어 가던 사도 세자의 모습을 말없이 지켜보고 있었겠죠.

탐험미션

선인문 안쪽 회화나무는 특이하게도 온 줄기가 뒤틀린 모습이에요. 왜 그런 모습을 하고 있을지 상상해 보세요.

함인정

창경궁의 사계절을 즐기는 정자

내전에 외롭게 자리한 정자 한 채

이제 명정전 뒤로 이동해 빈양문을 지나갈 거예요. 순간 널찍한 광장이 나오는가 싶더니 외롭게 자리를 지키고 있는 함인정이 보이네요. 원래 이 자리에는 '인양전'이라는 건물이 있었는데요. 인조 때 이괄이라는 신하가 반란을 일으켜(이괄의 난) 화재로 사라진 후 복원하면서 세운 정자가 함인정이에요. 1830년 다시 불이 나 훼손되고, 1834년 복원한 건물이 지금까지 남아 있습니다.

일제 강점기 이전만 해도 함인정 양옆으로 담장이 이어져 바로 뒤에 있는 환경전, 경춘전과 각각 독립된 공간으로 나뉘어 있었는데요. 일제 강점기에 담장이 모두 사라지고 지금과 같은 상태로 변했답니다.

조선 시대에는 함인정 앞으로 제법 널찍한 마당이 펼쳐져 있었어요. 창덕궁 쪽으로 화계도 정성 들여 쌓아 놓았고요. 임금은 함인정에서 신하들과 함께 공부하거나, 과거 시험에 통과한 젊은 유생들을 불러 상을 내리고 잔치를 열기도 했어요.

사계절을 노래한 시

함인정 안쪽 기둥 위를 보면 동서남북 방향으로 각각 편액(그림을 그리거나 글씨를 써서 걸어 놓는 액자)이 걸려 있어요. 편액에는 사계절의 아름다운 모습을 노래한 〈사시(四時)〉라는 제목의 시가 적혀 있죠. 조선 시대까지만 해도 〈귀거래사〉로 유명한, 중국 진나라 시인 '도연명'이 이 시의 지은이로 알려져 있었는데요. 최근 연구에 따르면 중국 진나라 화가인 '고개지'가 이 시를 썼다고 새롭게 밝혀졌습니다.

함인정은 사면이 시원하게 뚫려 있어 마루에 잠시 걸터앉아 주변 경치를 즐기기에 딱 좋아요. 창경궁의 경치를 바라보며 편액에 쓰인 시구를 읽어 보는 것도 궁궐의 아름다움을 느끼기에 좋은 방법입니다.

탐험미션

함인정 실내에 걸린 〈사시〉를 눈으로 훑어본 다음 봄, 여름, 가을, 겨울 순서대로 소리 내어 읊어 봐요.

경춘전·환경전

두 명의 세자와 인연 깊은 집

경춘전에서 흑룡의 꿈을 안고 태어난 이산

함인정 마루에 걸터앉아 창경궁 내전 쪽을 바라보면 사이좋게 옆으로 서 있는 두 건물이 보일 거예요. 살짝 돌아앉은 왼쪽 건물이 경춘전, 정면으로 보이는 건물이 환경전입니다. 경춘전은 유명한 세자가 태어난 장소이고요, 환경전은 또 다른 세자가 의문스러운 이유로 세상을 떠난 곳입니다. 먼저 경춘전을 탐험해 볼게요.

영조 때의 일이에요. 하루는 잠을 자던 영조의 아들 사도 세자가 꿈을 꿨습니다. 용 한 마리가 구슬을 안고 자기 방으로 들어오는 꿈이었어요. 잠에서 깬 사도 세자는 꿈에서 본 장면이 너무 특별하다 생각해 그림으로 그려 방에 걸어 두었죠. 얼마 지나지 않아 사도 세자의 아들이 태어났는데요. 훗날 정조가 되는 '이산'이었습니다. 이산이 태어난 장소가 바로 지금 우리가 탐험하는 경춘전이고요. '햇빛 따스한 봄'이라는 의미처럼 경춘전은 해가 뜨는 동쪽을 향해 지은 건물입니다.

사실 혜경궁 홍씨는 이산을 낳기 전 '의소 세손'이라는 첫 아들을 낳았지만, 이 아이는 2년 후 봄에 병으로 세상을 뜨고 말았어요. 그리고 같은 해 가을에 태어난 아이가 바로 이산이었죠. 첫아들을 잃은 지 불과 몇 달 만에 둘째 아들을 얻었으니 이산의 부모인 사도 세자와 혜경궁 홍씨, 할아버지인 영조까지 당연히 무척 기뻤을 거예요.

하지만 이산은 어린 나이에 아버지가 뒤주에 갇혀 죽는 사건을 겪습니다. 그것도 할아버지 손에 말이죠. 자라면서 아버지 사도 세자를 죽이는 데 앞장선 신하들에게 심한 견제를 받기도 했고요. 이산은 이런 일들을 모두 극복하고 결국 영조 다음으로 왕위에 올랐습니다.

사도 세자의 그림, 정조의 글씨

이런 사연 때문인지 정조는 유독 경춘전을 소중히 여겼어요. 임금이 된 후 경춘전을 새로 고치고 '탄생전'이라는 글씨를 현판에 새겨 이곳에 걸어 두었다는 기록이 있는데요. 사도 세자가 그린 용 그림과 정조의 글씨가 새겨진 탄생전 현판이 지금까지 남아 있었다면 대단한 보물이 되었을 테지만, 현재는 사라지고 없습니다. 현재 걸려 있는 현판의 글씨는 정조의 아들 순조가 썼어요.

환경전에서 세상을 뜬 소현 세자

이제 걸음을 옮겨 환경전으로 가 볼게요. 시간을 조금 거슬러 올라가 인조 때 이야기입니다.

병자호란에서 패배한 뒤, 인조의 아들 소현 세자는 동생 봉림 대군과 함께 청나라에 인질로 끌려갔어요. 그리고 8년 만에 조선에 돌아왔지만, 돌아온 지 불과 두 달 만에 환경전에서 숨을 거두었죠. 의문스러운 정황이 많았던 죽음인데요. 이유를 설명하면 이렇습니다.

인조는 혹시라도 청나라가 자기를 내쫓고 소현 세자를 왕위에 올릴까 봐 불안에 떨었어요. 병자호란에서 조선이 패배하면서 임금으로서의 권위가 크게 떨어졌거든요. 반면 전쟁 후 볼모로 끌려간 세자는 청나라에서 지내는 동안 여러 활동을 훌륭히 해냈어요. 청나라의 앞선 문화를 배우는 것은 물론, 함께 끌려간 조선인들을 보호하기 위해 노력했죠.

청나라 신하들과도 외교적으로 친분을 잘 쌓았고요. 청나라 입장에서도 중국을 통일해야 하는 커다란 과제를 앞두고 언젠가 조선의 왕이 될 소현 세자와 좋은 관계를 맺어야 했을 거예요.

인조는 이런 소현 세자가 마음에 들지 않았습니다. 병자호란 당시 자신이 청나라 황제 앞에서 무릎 꿇고 머리를 조아리며 굴욕적으로 항복한 것을 알면서도 청나라와 친하게 지내는 세자가 이해되지 않았죠. (이 사건은 바로 뒤에 탐험할 '양화당'에서 더 자세히 설명할게요.) 게다가 세자가 자기 자리까지 위협할 수도 있다고 생각하니 두고 볼 수만은 없었을 테고요.

인조의 의심스러운 행동

물론 이런 상황만으로 소현 세자의 죽음 뒤에 인조가 있을 거라고 확신하기에는 증거가 부족하긴 합니다. 하지만 세자가 사망한 이후 인조의 태도를 보면 의심스럽기만 해요.

인조는 자신의 아들이 석연치 않은 이유로 갑자기 세상을 떠났지만, 제대로 조사를 진행하지 않았어요. 세자를 진찰했던 의관 이형익에게 죄를 묻지도 않았고요. 신하들은 이형익에게 벌을 내려야 한다고 여러 차례 건의했지만, 인조는 이런 의견을 무시했어요. 격식을 차려 치러야 할 세자의 장례 또한 매우 간소하고 짧은 기간에 끝냈고 말이죠. 소현 세자의 죽음은 여전히 의문으로 남아 있답니다.

탐험미션

조선 시대 두 세자의 삶이 얽힌 사연 중 어느 이야기에 더 마음이 끌리나요? 그 이유는 무엇인가요?

양화당

청나라에 항복한 인조가 돌아온 곳

인조가 보낸 괴로운 밤

1637년 1월, 인조는 궁궐에 없었습니다. 조선에 침입한 20만 청나라 대군을 피해 수도 한양을 버리고 남한산성에 들어가 있었기 때문이에요. 유독 추웠던 겨울, 병사와 백성들은 굶주림과 추위를 견디지 못하고 하나둘 목숨을 잃었습니다. 산성 아래 진을 치고 있는 청나라군은 물러날 기미가 보이지 않았어요. 성안에 갇힌 임금을 구하기 위해 지방에서 온 조선군마저 모두 적군에 패하고 말았죠.

결국 인조는 전쟁을 끝내기로 결심하고 세자와 신하들과 함께 남한산성의 서쪽 문으로 나가 삼전도로 향했습니다. 그리고 청나라 황제 앞에서 무릎을 꿇은 채 세 번 절하고 아홉 번 머리를 조아리는 '삼배구고두례' 의식을 치르며 항복했어요. 이 사건을 '삼전도의 굴욕'이라고 해요.

그날 밤 인조가 궁궐로 돌아와 몸을 누인 곳이 바로 이곳 양화당이었어요. 세자와 신하, 백성 들이 보는 앞에서 자존심을 꺾고 청나라 황제에 패배를 인정한 인조는 양화당에서 매우 괴로운 밤을 보냈을 거예요.

서재가 있던 너럭바위

양화당 바로 옆 동쪽 바닥에 펼쳐져 있는 커다란 너럭바위가 눈길을 끌어요. 임금이 책을 읽고 공부하던 '정일재'라는 서재가 있던 자리예요. 원래 이 주변에 있던 건물들은 불에 타 버려 1833년에서 1834년 사이에 다시 지었는데, 정일재는 이때 복원되지 않았어요. 지금도 바위 위를 자세히 보면 기둥을 세웠던 흔적이 남아 있답니다.

양화당에서 생긴 일들

경종은 병을 치료하기 위해 양화당에 머무르기도 했어요. 어의(궁궐에서 임금이나 왕실 가족의 병을 치료하던 의원)가 나서서 치료했지만, 도무지 좋아질 기미가 보이지 않았죠. 신하들은 양화당의 기운이 좋지 못하다며 임금에게 다른 곳으로 옮길 것을 건의했어요. 경종은 환취정이란 건물로 갔지만, 얼마 지나지 않아 결국 숨을 거두었습니다. 인조와 경종에게는 양화당이 좋지 않은 장소로 남았겠지만, 두 임금보다 앞선 왕이었던 명종은 양화당으로 유생들을 불러 글 짓는 시험을 보고 신하들과 잔치를 벌이기도 했답니다.

탐험미션

양화당 뒤쪽 계단에 오르면 양화당과 너럭바위, 그 앞의 전각들과 남산까지 한눈에 펼쳐집니다. 이 풍경을 꼭 눈에 담아 보세요.

통명전

왕실 어르신을 향한 마음을 담은 집

통명전에서 벌어진 큰 잔치

1848년 3월 17일 아침, 통명전에서 큰 잔치가 벌어졌어요. 헌종의 할머니인 순원 왕후의 60세를 축하하는 자리였죠. 행사의 주인공인 순원 왕후가 통명전 대청마루 가운데 앉고 주변에 헌종과 왕비, 후궁이 자리했어요. 왕실 가족과 신하 들도 건물 주위에 앉아 연회를 즐겼고요. 잔치는 밤에도 열렸어요. 이때 헌종은 할머니 순원 왕후에게 감사한 마음을 담아 노래를 바쳤다고 전해져요. 이틀 뒤에는 잔치를 위해 애쓴 관원들을 격려하기 위해 헌종이 또다시 통명전에서 잔치를 벌였어요.

왕실 어르신이 지내던 통명전

통명전은 주로 대비나 대왕대비가 쓰던 건물입니다. 왕실 가족들이 생활하는 내전의 가장 안쪽에 있어요. 서쪽과 북쪽으로는 통명전을 감싼 듯한 언덕이 서 있고요. 다시 그 뒤로 넘어가면 나무로 우거진 숲이 나와 주위 지형이 안정감을 주는 곳이죠.

가장 높은 위상을 지녔던 내전 건물

현재는 탁 트여 있지만 통명전은 원래 양화당과 경춘전, 환경전을 통해 외부인이 함부로 들어오지 못하도록 담장이 둘러져 있었어요. 창경궁 내전 건물 중 위상이 가장 높은 곳이었거든요. 궁궐에서 위계가 높은 건물 지붕 위에는 용마루를 올리지 않는데요. 통명전이 바로 그런 경우입니다.

한때 통명전 지붕을 화려한 청기와로 덮은 적도 있답니다. 불이 났던 통명전을 다시 지을 때 인경궁에 있던 경수전을 해체하면서 나온 자재를 사용했는데, 경수전의 청기와를 통명전 지붕에 올렸던 거예요. 그러다 1790년 통명전에 다시 화재가 나고 1834년 새로 지을 때 지금의 회색 기와를 올린 거고요.

창경궁 내전에서 유일하게 월대가 있는 점도 통명전의 높은 위상을 증명하죠. 통명전의 월대 위에서는 1848년 순원왕후의 60세 생일잔치 말고도 여러 차례 행사가 열렸습니다. 월대 정면과 양쪽에 모두 계단만 다섯 개가 있는 것도 통명전만이 지닌 특징이에요.

통명전 주위를 거닐며

이제 통명전을 한 바퀴 돌면서 탐험해 볼게요.

우선 건물의 서쪽으로 가면 아름다운 연못이 보입니다. 통명전에서 지냈던 왕실의 어른이 감상했을 시설이죠. 연못 주위로 둘러놓은 난간 장식도 무척 화려하고요. 물 위를 가로지르는 작은 돌다리와 물 한가운데에 세워 둔 괴석 두 개도 매우 정성스럽게 만들었다는 느낌이 듭니다. 이 연못의 물이 어디서 왔을까 살펴보니 북쪽으로 물길이 있고 그 끝에 돌을 동그랗게 파 놓은 부분이 보여요. 물이 모이도록 그릇 모양으로 만든 거죠.

다시 걸음을 뒷마당으로 옮겨 볼까요? 경복궁 교태전, 창덕궁 대조전과 비슷하게 통명전 뒤뜰에도 아늑한 화계가 펼쳐져 있어요. 계단식으로 만든 정원에 꽃과 나무를 심고 굴뚝을 세워 두었군요.

그런데 화계를 자세히 보니 두 개의 굴뚝 사이, 왼쪽으로 약간 치우친 자리에서 특이한 시설을 발견할 수 있어요. 바로 '열천'이라는 이름의 우물이에요. 뒤쪽 벽면 네모난 돌에서 열천을 한자로 새긴 '洌泉'이라는 글자를 확인할 수 있습니다. 이 이름은 영조가 지었는데요. 풀이하자면 '차가운 샘물'이라는 뜻인데, 실제 물이 얼마나 차가웠는지는 현재 알 수가 없어요. 열천의 물이 모두 말랐기 때문이죠.

  통명전은 건물뿐만 아니라 앞마당과 월대, 뒤뜰의 화계와 굴뚝, 그리고 우물에서 연못까지 모두 살펴봐야 제대로 감상하는 거라 할 수 있어요.

탐험미션

통명전 마당에서 출발해 화계와 열천, 화려한 장식의 연못까지 천천히 거닐며 건물을 감상해 보세요.

춘당지·대온실

물길 옆으로 걷는 창경궁의 산책로

논이 있던 연못

이번 탐험의 마지막 장소로 가 볼까요? 창경궁 건물들이 모인 외전과 내전 공간에서 북쪽을 향해 걷겠습니다. 옥천교에서 본 금천을 따라 걸어도 되는 코스죠. 창덕궁 후원 못지않은 울창한 숲이 나오더니 이내 시야가 넓게 트이고 널찍한 연못이 보입니다. 이 연못이 바로 춘당지예요.

춘당지는 서로 이어진 두 개의 연못 '대춘당지'와 '소춘당지'로 이루어져 있는데요. 원래 이곳에는 소춘당지에 해당하는 작은 연못만 있었답니다. 대춘당지 자리에는 '내농포'라는 논이 있었어요. 궁궐 음식에 사용할 채소를 키우던 곳으로, 임금은 종종 내농포로 나와 채소 키우는 모습을 보곤 했대요. 그런데 1909년 일본이 내농포에 속한 열한 개의 논을 하나의 연못으로 만들고는 대춘당지라고 부른 거죠.

무관을 뽑던 시험장

창덕궁 부용지에서 탐험했던 영화당을 떠올려 보세요. 내농포 북쪽에도 '춘당대'라는 이름의 무과 시험장이 있었는데요. 영화당의 춘당대와 같은 곳이에요. 지금은 창경궁과 창덕궁을 가르는 담장이 세워져 있지만, 원래 영화당 앞에서 춘당지 주변까지 하나의 넓은 광장이었거든요. 이곳에서 무관을 꿈꾸는 이들이 모여 활을 쏘거나 말을 타고 검술을 뽐내며 시험을 치렀던 거예요. 무과 시험의 특성상 넓은 터가 필요했던 거죠. 그런 점에서 춘당대가 딱 알맞은 장소였고요. 춘당대에서 무과 시험이 열리면 임금은 영화당이

나 관덕정에서 이를 지켜봤습니다. 무과 시험에 응시하는 사람 수는 보통 1천 명이 넘었는데요. 정조 때는 전국에서 모인 무관 지망생들이 10만 명을 넘었다는 기록도 있으니 그야말로 인파가 넘쳤을 겁니다.

 춘당대 주변에는 '백련지'라는 연못이 있었는데요. 지금의 소춘당지예요. 이 근처에서 활쏘기 시험이 치러졌는데, 화살이 연못을 가로질러 건너편 과녁에 적중했다고 하죠.

서양식 대온실이 있는 이유

춘당지 건너편에는 궁궐에서 흔히 볼 수 없는 서양식 건물이 있는데요. 우리나라에서 처음 만든 대온실입니다. 철과 목재, 돌로 기본 구조를 짜고 유리창을 설치했죠. 우리 전통 건축물과는 거리가 먼 생김새예요. 정원을 꾸며 놓은 모습도 그렇고요. 이런 대온실이 우리 궁궐에 들어선 이유를 설명하자면 일제에 국권을 빼앗겼던 아픈 역사를 이야기해야 합니다.

돈화문을 탐험하며 설명한 것 기억하나요? 일제가 고종을 황제 자리에서 강제로 쫓아내고 순종을 황제의 자리에 앉힌 뒤 창덕궁으로 거처를 옮기게 했잖아요. 이후 일제는 순종 황제를 위한다는 핑계를 앞세워 우리나라의 궁궐을 훼손하기 시작했어요.

창경궁에는 동물원과 식물원을 지었습니다. 이때 대온실이 들어선 거예요. 1909년 온실이 완공되자 일제는 1911년부터 일반 시민들에게 이곳을 개방하기에 이르렀어요. 조선 왕조의 궁궐이었던 창경궁을 누구나 함부로 들어와도 되는 공원으로 만들어 위상을 떨어뜨리고 이름도 창경원으로 바꾸었죠.

　창경원 동물원과 식물원은 광복 이후에도 계속 운영되었어요. 1980년대 초까지요. 1986년 아시안게임을 준비하면서 동물원과 식물원을 없애고 다시 창경궁으로 복원하기 시작해 궁궐 본래의 모습을 되찾게 되었습니다.

탐험미션

창경궁 대온실은 독특하고 근사한 공간인 동시에 우리 민족의 아픔이 담긴 장소이기도 해요. 이곳을 탐험하며 어떤 생각이 들었나요?

주제 탐험 코스 3 창덕궁·창경궁의 나무를 찾아서

창덕궁과 창경궁에는 오랜 세월 궁궐을 지키고 있는 수많은 나무가 있어요. 그중에는 <동궐도>에 그려진 나무도 있죠. 수백 년 된 궁궐의 나무들을 찾아가 볼까요?

① 창덕궁 돈화문 은행나무

창덕궁에 들어가기 전 돈화문 옆에서 볼 수 있어요. 1972년 보호수로 지정했을 때 이미 425년이나 되었다니 1547년경부터 살아남은 나무죠.

② 창덕궁 돈화문 회화나무

돈화문 안쪽에 창덕궁에서 가장 유명한 회화나무 여덟 그루가 있어요. <동궐도>에서도 찾아볼 수 있죠. 회화나무는 '삼정승(조선 시대에 가장 높은 세 벼슬)'을 상징해서, 궁궐 정문 주변에 심었어요.

③ 창덕궁 궐내각사 향나무

약 750살인 어르신 나무예요. <동궐도>에 그려질 당시에도 이미 나이가 많았기 때문인지, 지금처럼 나뭇가지 아래 받침대를 세워 둔 모습이에요.

⑥ 창경궁 춘당지 백송
춘당지 옆 산책길에서 볼 수 있는 하얀색 소나무예요. 성장 속도가 느려 주변에서 쉽게 찾아보기 힘든 나무랍니다.

⑤ 창경궁 옥천교 자두나무
봄마다 창경궁 옥천교에 예쁘게 피는 꽃 중에서 대한 제국 황실의 상징인 오얏꽃을 찾아보세요. 그 꽃이 핀 나무가 바로 자두나무죠!

④ 창덕궁 애련지 뽕나무
<동궐도>에도 그려져 있는 나무예요. 조선 시대에는 왕족과 양반의 비단옷을 만들기 위해 누에를 쳤기 때문에 누에의 먹이인 뽕나무를 많이 심었는데요. 세종 때는 창덕궁에 뽕나무만 1천 그루 넘게 있었다고 전해져요.

탐험! 창덕궁 역사

조선 전기

- 1392 조선을 세움
- 1405 창덕궁을 지음
- 1406 후원을 만듦
- 1411 금천교를 세움

- 1636 − 후원에 옥류천을 만듦 − 병자호란으로 인조가 남한산성으로 피신함
- 1776 정조가 즉위하고 후원 부용지에 주합루와 규장각을 지음
- 1777 인정전 마당에 품계석을 세움
- 1782 중희당을 세움
- 1785 수강재를 세움
- 1803 인정전에 불이 남
- 1804 인정전을 새로 지음

일제 강점기

- 1908 진선문을 철거함
- 1910 − 흥복헌에서 마지막 어전 회의가 열림 − 일제가 강제로 우리나라의 국권을 빼앗고 식민지로 삼음
- 1917 대조전, 희정당 등에 불이 남
- 1920 경복궁 교태전과 강녕전을 헐어 창덕궁 대조전, 희정당 등을 새로 지음
- 1926 대조전에서 순종 황제가 세상을 떠남

대한민국

1412 돈화문을 세움

1463 후원을 넓힘

1592 임진왜란으로 창덕궁과 창경궁이 훼손됨

조선 후기

1632 인조가 창덕궁으로 거처를 옮김

1624
- 이괄의 난으로 창덕궁과 창경궁에 불이 남
- 인조가 경덕궁(경희궁)으로 거처를 옮김

1623 인조반정으로 창덕궁과 창경궁이 훼손됨

1610 창덕궁을 새로 지음

1827 후원에 연경당을 세움

1820년대 후반~1830년대 초반 <동궐도>를 제작함

1847 낙선재를 세움

1863 인정전에서 고종이 즉위함

1905 일본이 대한 제국의 외교권을 빼앗기 위해 강제로 을사늑약을 맺음

1897 고종이 경운궁(덕수궁)에서 대한 제국을 선포함

대한 제국

1989 낙선재에서 덕혜 옹주와 이방자 여사가 세상을 떠남

1997 유네스코 세계 문화유산으로 등재됨

2020 돈화문 월대 복원 공사를 마침

탐험! 창경궁 역사

조선 전기

- 1392 조선을 세움
- 1484 창경궁을 지음
- 1592 임진왜란으로 창덕궁과 창경궁이 훼손됨
- 1636 병자호란으로 인조가 남한산성으로 피신함
- 1637 인조가 남한산성에서 창경궁으로 돌아옴
- 1752 경춘전에서 정조가 태어남
- 1762 사도 세자가 뒤주에 갇혀 죽임을 당함
- 1800 영춘헌에서 정조가 세상을 떠남

일제 강점기

- 1910 일제가 강제로 우리나라의 국권을 빼앗고 식민지로 삼음
- 1911 일제가 창경궁의 이름을 창경원으로 바꿈

대한민국

- 1932 창경궁과 종묘를 잇는 길이 끊어짐
- 1983 창경궁으로 이름을 바꾸고 복원 사업을 시작하면서 창경궁 관람이 금지됨

참고 문헌

도서

- 김동욱, 《서울의 다섯 궁궐과 그 앞길: 유교도시 한양의 행사 공간》, 집, 2017
- 김동욱, 유홍준 외, 《창덕궁 깊이 읽기》, 글항아리, 2014, 1판 3쇄
- 김두경, 《궁궐을 그리다: 궐문에서 전각까지! 드로잉으로 느끼는 조선 궁궐 산책》, 이비락, 2019
- 김왕직, 《알기쉬운 한국건축 용어사전》, 동녘, 2023, 초판 24쇄
- 문화재청 편집부, 《궁궐의 현판과 주련 2: 창덕궁·창경궁》, 수류산방, 2022, 초판 4쇄
- 박상진, 《궁궐의 우리 나무》, 눌와, 2019, 개정 2판 3쇄
- 박영규, 《조선관청기행: 조선은 어떻게 왕조 500년을 운영하고 통치했을까》, 김영사, 2018
- 설민석, 《설민석의 조선왕조실록: 대한민국이 선택한 역사 이야기》, 세계사, 2016
- 송용진, 《쏭내관의 재미있는 궁궐 기행: 궁궐에서 만나는 우리 역사 이야기》, 지식프레임, 2017, 초판 26쇄
- 송용진, 《쏭내관의 재미있는 궁궐 기행 2: 궁궐에서 일어난 조선의 사건 46가지》, 지식프레임, 2015, 초판 17쇄
- 신병주, 《왕으로 산다는 것》, 매일경제신문사, 2020, 초판 10쇄
- 신희권, 《창덕궁, 왕의 마음을 훔치다》, 북촌, 2019
- 안휘준, 《동궐도 읽기》, 한국문화재보호재단, 2005
- 역사건축기술연구소, 《우리 궁궐을 아는 사전 1: 창덕궁·후원·창경궁》, 돌베개, 2015
- 유홍준, 《나의 문화유산답사기 9: 서울편 1 만천명월 주인옹은 말한다》, 창비, 2017, 초판 2쇄
- 이시우, 《궁궐 걷는 법: 왕궁을 내 집 뜰처럼 누리게 하는 산책자의 가이드》, 유유, 2021
- 이시우, 《재밌게 걷자! 경복궁》, 주니어RHK, 2024
- 이향우, 《궁궐로 떠나는 문양여행》, 인문산책, 2021
- 이향우, 《궁궐로 떠나는 힐링여행: 창경궁》, 인문산책, 2016, 초판 3쇄
- 이향우, 《궁궐로 떠나는 힐링여행: 창덕궁》, 인문산책, 2023, 초판 5쇄
- 정표채, 《한 권으로 읽는 경복궁: 궁궐의 전각 뒤에 숨은 이야기》, 리얼북스, 2022
- 창덕궁 문화재 해설팀, 배병우, 《문화재 해설사와 함께하는 창덕궁》, 컬처북스, 2017, 개정판 2쇄
- 최종덕, 《조선의 참 궁궐 창덕궁》, 눌와, 2012, 초판 4쇄

- ▶ 한국역사인문교육원(미래학교), 《궁궐과 왕릉, 600년 조선문화를 걷다》, 창해, 2021
- ▶ 한영우, 김대벽, 김진숙, 《동궐도》, 효형출판, 2016, 1판 3쇄
- ▶ 허균, 《궁궐 장식: 조선왕조의 이상과 위엄을 상징하다》, 돌베개, 2020, 초판 3쇄
- ▶ 허균, 《한국 전통 건축 장식의 비밀》, 대원사, 2015, 초판 2쇄
- ▶ 홍순민, 《홍순민의 한양읽기: 궁궐 상》, 눌와, 2017
- ▶ 홍순민, 《홍순민의 한양읽기: 궁궐 하》, 눌와, 2018, 초판 2쇄

웹사이트

- ▶ 경복궁 홈페이지 royal.khs.go.kr/gbg
- ▶ 국가유산채널 k-heritage.tv
- ▶ 국가유산청 국가유산포털 heritage.go.kr
- ▶ 국가유산청 전자도서관 library.cha.go.kr
- ▶ 국립고궁박물관 gogung.go.kr
- ▶ 국립국어원 표준국어대사전 stdict.korean.go.kr
- ▶ 국립중앙박물관 museum.go.kr
- ▶ 국사편찬위원회 전자도서관 library.history.go.kr
- ▶ 국사편찬위원회 전자사료관 archive.history.go.kr
- ▶ 덕수궁 홈페이지 royal.khs.go.kr/dsg
- ▶ 조선왕조실록(국사편찬위원회) sillok.history.go.kr
- ▶ 창경궁 홈페이지 royal.khs.go.kr/cgg
- ▶ 창덕궁 홈페이지 royal.khs.go.kr/cdg
- ▶ 한국학자료통합플랫폼 kdp.aks.ac.kr
- ▶ e뮤지엄 emuseum.go.kr

사진 제공: 고려대학교박물관(64~65쪽 〈동궐도〉)

이시우　대학에서 역사학을 전공했습니다. 졸업 후 우리 궁궐의 가치에 주목하여 문화유산교육전문가 자격을, 궁궐의 꽃과 나무를 공부하며 숲 해설가 자격을 얻었습니다. 이러한 지식과 경험을 바탕으로 궁궐을 산책하며 역사를 알아 가는 프로그램 '궁궐을 걷는 시간'을 매달 진행하고 있으며, 2024 궁중문화축전에서 궁궐 산책 프로그램 '아침 궁을 깨우다' 진행을 맡았습니다. 궁궐과 우리 문화유산을 좋아하는 이들을 위한 뉴스레터 '궁궐에서 온 편지'도 발행합니다. 쓴 책으로 《어린이 궁궐 탐험대》 시리즈, 《궁궐 걷는 법》이 있습니다.

인스타그램 @gungwalk

서평화　그림을 그리는 사람입니다. 가끔 귀엽고 웃음 나는 것도 만듭니다. 오랜 세월을 품고도 다정함과 근사함을 잃지 않은 것들을 참 좋아하며, 좋아하는 것들을 일상과 연결 지어 종이에 담아내고 있습니다. 《저는 종이인형입니다》를 쓰고 그렸으며, 《어린이 궁궐 탐험대》 시리즈, 《산다는 건 뭘까?》, 《바다 레시피》, 《넌 아름다워》, 《오늘부터 300일》, 《무리하지 않는 선에서》 등에 그림을 그렸습니다.

인스타그램 @peace.fulll

어린이 궁궐 탐험대

재밌게 걷자! 창덕궁·창경궁

초판 1쇄 발행 2024년 6월 30일　초판 3쇄 발행 2025년 1월 30일

글 이시우　그림 서평화
발행인 양원석　발행처 (주)알에이치코리아(등록 2004년 1월 15일 제2-3726호)
본부장 김문정　편집 박진희, 김하나, 정수연, 고한빈　디자인 조은영, 김민
해외저작권 안효주　마케팅 안병배, 박겨울, 김연서　제작 문태일, 안성현
주소 서울시 금천구 가산디지털2로 53, 20층(한라시그마밸리)
편집 문의 02-6443-8921　도서 문의 02-6443-8800　홈페이지 rhk.co.kr
블로그 blog.naver.com/randomhouse1　포스트 post.naver.com/junior_rhk
인스타그램 @junior_rhk　페이스북 facebook.com/rhk.co.kr

ⓒ 이시우, 서평화 2024
이 책은 저작권법에 의해 보호받는 저작물이므로 무단 전재와 복제를 금합니다.

ISBN 978-89-255-7490-5 (74910)　978-89-255-2418-4 (세트)

※ 제조자명 (주)알에이치코리아 | 제조국명 대한민국 | 사용연령 8세 이상
※ 종이에 손이 베이거나 모서리에 다치지 않게 주의하세요.
※ 잘못 만들어진 책은 구입하신 곳에서 바꾸어 드립니다.
※ KC마크는 이 제품이 공통안전기준에 적합하였음을 의미합니다.